EL DOLMEN DE SOTO

TRIGUEROS, HUELVA

Memorias grabadas en piedra del
IV al II milenio a. C.

Primitiva Bueno Ramírez
Rosa Barroso Bermejo
Rodrigo de Balbín Behrmann
José Antonio Linares
Coronada Mora Molina
Juan Carlos Vera Rodríguez
Antonio Hernanz Gismero
Mercedes Iriarte Cela
José M.ª Gavira
Karen Steelman
Juan Francisco Ruiz

Junta de Andalucía
Consejería de Cultura y Deporte

JUNTA DE ANDALUCÍA

Patricia del Pozo Fernández
Consejera de Cultura y Deporte

María Esperanza O'Neill Orueta
Viceconsejera de Cultura y Deporte

María del Mar Sánchez Estrella
Secretaria General de Patrimonio Histórico y Documental

Mónica Ortiz Sánchez
Directora General de Patrimonio Histórico

COORDINACIÓN DE LA EDICIÓN
Rocío Ortiz Moyano
Jefa de Servicio de Investigación y Difusión del Patrimonio Histórico

Departamento de Difusión
Rafael Rodríguez Obando
Catalina Jofre Serra
Pedro Jaime Moreno de Soto

Autores
Primitiva Bueno Ramírez, Rosa Barroso Bermejo, Rodrigo de Balbín Behrmann, José Antonio Linares, Coronada Mora Molina, Juan Carlos Vera Rodríguez, Antonio Hernanz Gismero, Mercedes Iriarte Cela, José M.ª Gavira, Karen Steelman y Juan Francisco Ruiz

Diseño y maquetación: Imprenta Sand

Impresión: Imprenta Sand

Edita: Consejería de Cultura y Deporte. Junta de Andalucía

ISBN: 978-84-9959-499-6
Depósito Legal: SE 2294-2024

*A Hugo Obermaier
en el centenario de su publicación
del dolmen de Soto.*

Agradecimientos

La documentación de la decoración del dolmen de Soto se realizó por encargo de la Junta de Andalucía mediante contrato Artículo 63 a la Universidad de Alcalá en 2012. Un informe de 200 páginas con el detalle de las decoraciones y su técnica fue facilitado a la empresa CresArte y a la Junta en 2013 para afrontar los trabajos de limpieza y conservación del monumento.

El estudio de los datos obtenidos se ha llevado a cabo con un proyecto de investigación MINECO entre 2015-2018 dirigido por P. Bueno Ramírez y R. Barroso Bermejo. Las novedades relacionadas con el estudio y documentación de piezas muebles se han estudiado en el marco del proyecto PID2022-141188NB-I00. Agradecemos el apoyo de la Junta de Andalucía que publicó en 2018 el volumen con los resultados de estos trabajos. Numerosos colegas nos apoyaron en este camino en el que encontramos sorpresas inesperadas.

El Ayuntamiento de Trigueros y Job Flores han retomado la divulgación científica del sitio con la Universidad de Huelva iniciando una nueva etapa que esperamos sea muy fructífera. La edición de este Cuaderno Divulgativo es una más de las acciones encaminadas a proyectar el ingente valor patrimonial del dolmen de Soto.

Índice

1.

Introducción

Las construcciones de grandes piedras que llamamos megalitos constituyen un emblema de los paisajes del neolítico europeo. Son la primera evidencia visible de la capacidad de cohesión de los grupos humanos que colaboran en construir arquitecturas reveladoras de conocimientos técnicos, astronómicos y de artesanías diversas. Los megalitos son, además, los primeros escenarios funerarios que reproducen contenidos a escala europea confirmando el profundo peso de las conectividades simbólicas y materiales de la prehistoria reciente.

Desde el V al III milenio a. C. se levantan y mantienen abundantes dólmenes en Europa y al menos hasta la Edad del Hierro se siguen reutilizando, con algunos picos de actividad de vuelta a estos sitios en épocas históricas, que se concentran en cronologías romanas y alto medievales.

La excepcionalidad del dolmen de Soto descubierto a principios del siglo XX se fijó en sus decoraciones (Obermier,1924). Desde entonces no ha sido objeto de una actualización de sus registros simbólicos hasta las intervenciones llevadas a cabo entre el 2012 y el 2013. Estas han ofrecido informaciones inéditas. Hemos podido argumentar que todo el monumento se construyó con piezas recicladas, que sus discursos funerarios se realizaron en diversas fases relacionadas con sus ocupaciones materiales, y que el monumento estuvo pintado además de grabado con técnicas diversas (Bueno *et al.*, 2018, reed. 2024). Las investigaciones continúan pues son muchos los datos que aún contiene el monumento y su entorno, abriendo un abanico de posibilidades de futuro que contribuye a generar expectativas de incremento de nuestro conocimiento sobre el sitio.

Su arquitectura es similar a la de otros megalitos del sur ibérico con la ventaja de que se conserva buena parte de su túmulo. De gran diámetro, 60m, construido con barro compactado y cantos de cuarcita, cubrió una estructura en piedra de planta rectangular a la que se accedía por el este mediante una rampa descendente. Su arquitectura hipogea no resultaba visible desde el exterior, sino al interior mediante soportes en piedra de mayor altura en la cámara que en el corredor. Decorados buena parte de ellos, desplegaban a uno y otro lado de las paredes representaciones de imágenes humanas, algunas de ellas de señalado carácter escultórico. Leerlo como una galería de memorias evoca su interpretación como personajes individualizados a los que se asocian algunos de los enterramientos. El estudio del mantenimiento y refacturas de su decoración nos acerca a procesos de resignificación cuya trayectoria abarca desde al menos inicios del IV milenio a. C. hasta la Edad del Bronce en el II milenio a. C. Casi dos mil años de representaciones humanas que exhiben sus formas, vestimentas, objetos y armas en

Fig. 1. *Túmulo del dolmen de Soto, Huelva. Imágenes de la arquitectura del interior del monumento. Fotos Rodrigo de Balbín.*

un monumento funerario que sigue siendo excepcional. De diferentes colores naturales y de diferentes alturas, el "pasillo" se recorría tras atravesar al menos una puerta de madera, que conserva sus jambas de piedra. Las cubiertas incorporan, como el resto del monumento, grabados, pinturas y formas talladas que en su conjunto componen el megalito más profusamente decorado del suroccidente de Europa.

La publicación de Obermaier, de la que ahora se cumplen 100 años, fue pionera en la lectura arqueológica de la decoración del dolmen. Pero la trayectoria posterior llevó a su olvido institucional prácticamente hasta los años 80 del siglo XX y a una interpretación injusta de las aportaciones del sabio alemán, llegando a calificarse el dolmen de Soto como un "falso histórico".

Con el objetivo de estudiar la decoración del monumento hemos aplicado protocolos orientados a la documentación rigurosa de las acciones que han transformado sus soportes. Una metodología que ni puede, ni debe estar al margen de la arqueología, sino que ha de formar parte de los proyectos de investigación de estas arquitecturas. Los resultados ya publicados confirman el nivel intenso de decoración del monumento en todas sus fases de uso, además de demostrar que las imágenes grabadas y pintadas descritas por Obermaier, mantienen su ubicación original (Bueno *et al*. 2018).

Las preguntas e hipótesis de esta investigación se han integrado en un marco de análisis teórico y práctico, comenzando por una breve introducción a lo que entendemos por arte megalítico y los aspectos de los que nos informa su estudio para acercarnos al valor patrimonial del monumento en el pasado, en el presente y en el futuro.

Comparar la biografía prehistórica con la biografía que se inicia con su descubrimiento, excavación y publicación a inicios del siglo XX, permite seguir una secuencia que fue de lo más alto en la investigación europea, a un largo período de *impasse* y de escasa relevancia, que ha empezado a superarse en los últimos años. Del éxito al olvido, de la arqueología a las intervenciones meramente arquitectónicas, este proyecto demuestra que las preguntas de la

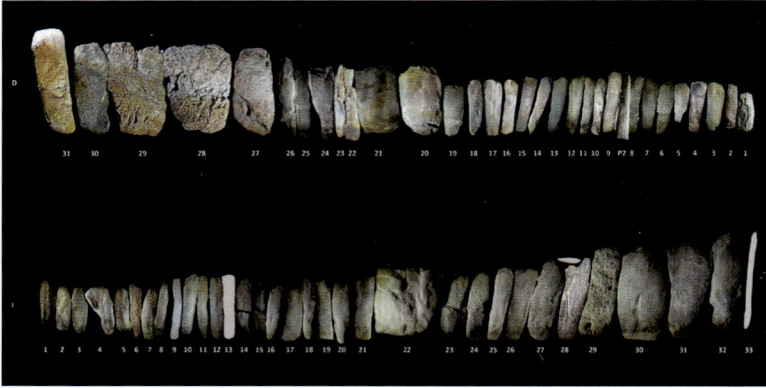

Fig. 2. *Alzados fotográficos de los dos laterales del dolmen de Soto incluidos en la información del Centro de recepción. Fotografías restituidas R. de Balbín en Bueno y Balbín, 2014.*

investigación y las aplicaciones metodológicas que se derivan de ellas son básicas para alcanzar resultados.

La documentación obtenida constituye el contenido del centro de interpretación y su discurso interpretativo, cronológico y simbólico. Por fin se ha alcanzado una cierta justicia poética con un megalito que había quedado opacado por los avances en la investigación de otros conjuntos andaluces y la desactualización de sus estudios.

Para llevarla a cabo se ha conjuntado un equipo experimentado en el estudio arqueológico y simbólico de megalitos decorados en Europa con especialistas en física y química, que se sumó a Cota Cero Arqueología, la empresa encargada de los trabajos arqueológicos dirigida en ese momento por J. A Linares.

Quienes formamos este equipo hemos disfrutado del privilegio de acercarnos al enorme potencial del sitio, añadiendo preguntas y metodologías que refuerzan la percepción de Obermaier sobre el protagonismo del megalitismo del extremo suroccidental de Europa en la discusión sobre las redes que mantuvieron las conexiones en el megalitismo en la fachada atlántica.

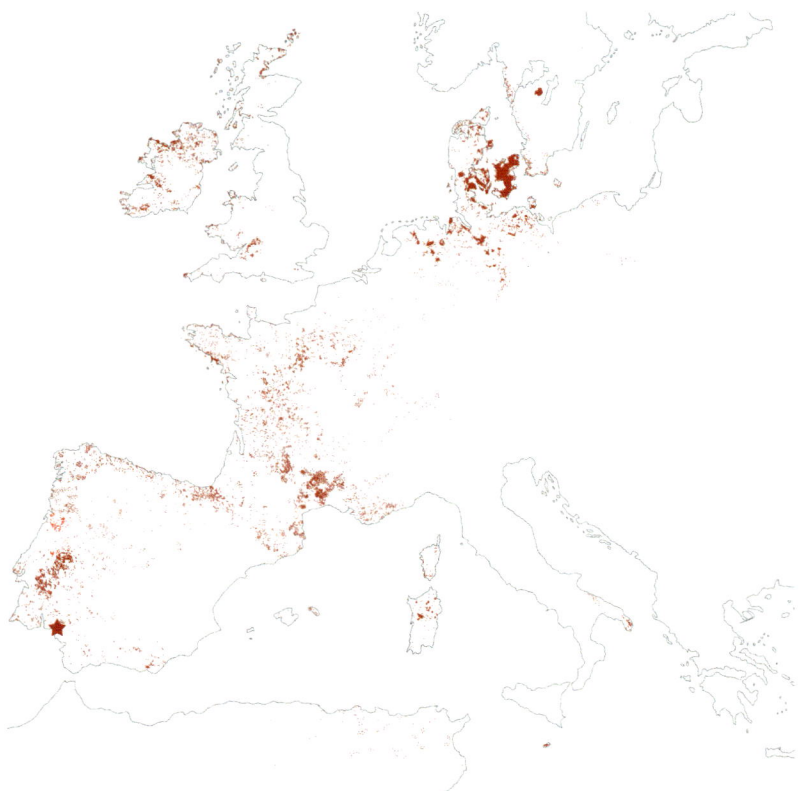

Fig. 3. *Megalitos en Europa, según Laporte y Bueno, 2016, con indicación del dolmen de Soto.*

2.

Arte megalítico. Discursos funerarios en las construcciones de grandes piedras

Arqueología del arte prehistórico

La terminología "arte prehistórico" parece dar a entender que sus productos no tienen relación con la materialidad arqueológica. Dejando de lado su funcionalidad, no hay duda de que las técnicas, iconografías y tratamiento de los soportes decorados constituyen una información sobre las maestrías, conectividades, intereses y manera de proyectar mensajes de diverso carácter de quienes las realizaron y tuvieron como referencia.

El estudio de las decoraciones de las cuevas durante el paleolítico superior pronto se fundamentó en metodologías arqueológicas, empezando por argumentar la relación entre las estratigrafías con objetos decorados y las imágenes de las paredes. Las técnicas de documentación gráfica y el uso de la arqueometría son hoy elementos imprescindibles para afrontar su interpretación.

Mientras en los contextos paleolíticos se discute con datos científicos su cronología, autoría, funcionalidad, conectividades o persistencias, las expresiones gráficas postglaciares no han tenido el mismo nivel de desarrollo metodológico.

La posibilidad de disponer de contextos arqueológicos, de dataciones y de estudios arqueométricos fue una de las razones por las que comenzamos a trabajar en la decoración de los monumentos megalíticos como herramienta para afrontar con datos científicos el estudio del arte esquemático al aire libre. Uno de los resultados de esta investigación ha sido aportar argumentos para una interpretación de los territorios megalíticos en la que abrigos y rocas decoradas forman parte de la manera de reconocerlos y utilizarlos (Bueno *et al.*, 2004, 2009, 2021).

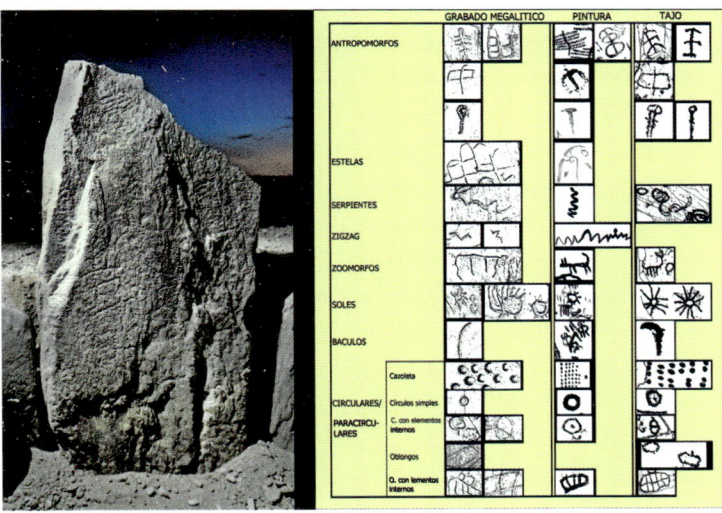

La estrecha relación entre quienes decoran megalitos y marcan su territorio con pinturas y grabados es también un sólido argumento para afrontar proyectos de prospección en sitios donde no se admitía la presencia de pintura esquemática o de grabados al aire libre, cuando ambas técnicas forman parte de la decoración de sus megalitos. La hipótesis ha demostrado su utilidad en el noroeste ibérico, en el Tajo Internacional y en algunos territorios de Andalucía (Bueno *et al.*, 2004, 2009, 2021).

Una situación semejante puede plantearse para Huelva, donde el dolmen de Soto no solo tiene abundante pintura (desafortunadamente menos de la que documentamos en los años 90), sino que

Fig. 4. *Frontal del dolmen de Maimón, Alcántara. Cáceres. Cuadro comparativo entre las iconografías grabadas y pintadas en dólmenes, abrigos y rocas al aire libre del Tajo Internacional, resultado de las prospecciones dirigidas a determinar sitios decorados, Bueno et al., 2004.*

presenta temáticas grabadas del arte esquemático, como los personajes unidos de D24, e incluso figuras completamente pintadas, la más visible, el puñal Ciempozuelos de soporte D 15 (Bueno *et al.* 2018). Huelva debe tener arte esquemático pintado y seguramente una prospección intensiva con ese objetivo preferente daría excelentes resultados.

El conjunto de las expresiones postglaciares ibéricas sigue guardando una información que tenemos la responsabilidad de recuperar. Para ello los protocolos de trabajo sobre el estudio de los soportes decorados han de incorporarse a las intervenciones arqueológicas en los megalitos de manera más extendida, al igual que los que se aplican a otras evidencias de la materialidad del pasado. Respeto a los soportes, uso de técnicas no invasivas y la metodología básica de la arqueología, son los parámetros mínimos exigibles en la actualidad.

El arte megalítico como información sobre escenarios de la muerte en los enterramientos colectivos

Las imágenes grabadas, pintadas y esculpidas del arte megalítico se integran en monumentos funerarios. Esa asociación define espacios para la muerte que en el caso de los megalitos debieron tener un acceso restringido, como podemos deducir de las propias arquitecturas cuyas entradas y corredores obligan a posturas forzadas, sobre todo si tenemos en cuenta que los cadáveres solían depositarse en la cámara, la zona más alejada de la entrada.

Arquitectura y ritual son dos aspectos relacionados, pues los sepulcros como construcción totalmente artificial reflejan una elección de alturas y anchuras que podía haberse establecido de otro modo. Lo mismo sucede con la orientación, mayoritariamente hacia la salida del sol y los eventos que marcan sus cambios a lo largo del año, solsticios y equinoccios. La relación que establecemos entre la luz y la vida, la oscuridad y la muerte parece trasladable a los modos de ordenar el uso de estas arquitecturas y de orientarlas (Bueno *et al.* 2015).

Fig. 5.
Huelva: megalitos en la Tierra Llana y megalitos decorados. Mapas elaborados por Linares, en Bueno et al., 2018, 34 y 36.

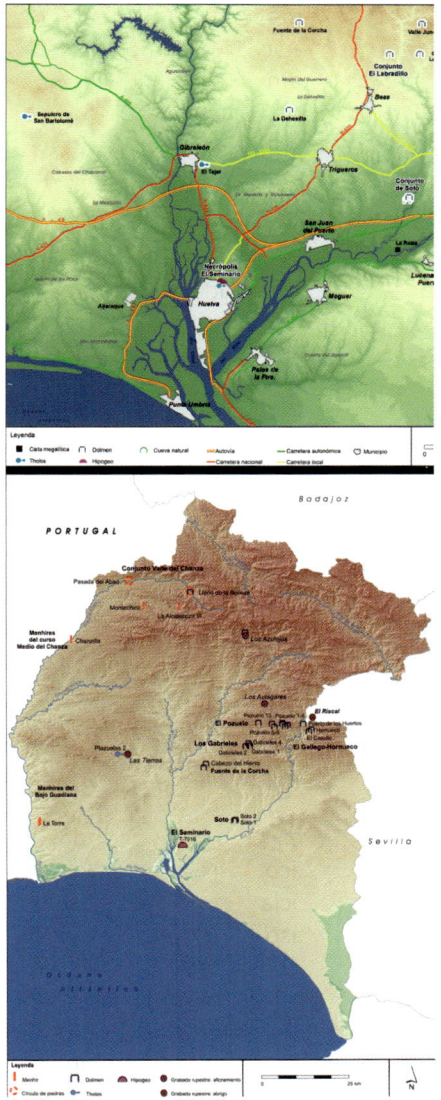

Buena parte se agrupan en territorios definidos con conocimientos constructivos y aprendizajes de fuerte tradición. La abrumadora presencia de monumentos alargados de planta rectangular o trapezoidal abierta al este y este/sureste, está muy extendida en los megalitos entre el Algarve y Almería. Conviven con arquitecturas de cámara con falsa cúpula y corredor, muchas veces excavadas en la roca del terreno o con necrópolis de hipogeos de plantas variadas. En todas las versiones su carácter hipogeo más o menos acentuado, las cohesiona ritualmente al

Fig. 6.
Arriba, reconstrucción de Rocamora estudio con una niña saliendo del dolmen. Exposición Museo de Huelva. Abajo, la línea de la luz del sol durante el solsticio en el dolmen de Soto, Huelva.

buscar una entrada hacia la profundidad de la tierra donde se guardan los restos de los ancestros.

En estos perfiles descendentes la luz del sol se reduce a una línea continua en los fenómenos solares más destacados, marcando un camino entre el exterior y el interior, que destaca el frontal de la cámara como su zona preferente. Al final de esa línea debía encontrarse el altar de barro descrito por Obermaier, además de dos enterramientos, el que se localizó bajo el ortostato frontal y el situado próximo a D30. En el caso de Soto, la desviación del lateral norte define un área más iluminada en la que se depositaron el resto de los enterramientos del III milenio a. C. conservados. Al otro lado, las sepulturas de la misma cronología guardan una posición relativamente simétrica, lo que asegura que nada de lo que sucede al interior del megalito es aleatorio.

Los escenarios de la muerte requieren no solo de conocimientos arquitectónicos, sino de las iconografías y técnicas para incluirlas en sus soportes, además de la historia oral y el orden que se fijaba en los sepulcros. Artesanía e ideología son dos aspectos indisolublemente unidos en estas construcciones que no pueden entenderse de manera aislada sino como parte del objetivo común de hacer del relato de la muerte la base del pacto social entre los vivos.

Andalucía, un territorio clave para la interpretación del arte megalítico europeo

Las decoraciones de los monumentos de la fachada atlántica se caracterizan como un conjunto de grabados geométricos, objetos (entre ellos algunas armas), animales e imágenes humanas. Una sola excepción se reconocía en el grupo de dólmenes pintados de Viseu, al Norte de Portugal. En el resto de la Península Ibérica algunos megalitos con grabados dispersos se alejaban de las decoraciones documentadas en los grandes sitios del área de Carnac o del Valle del Boyne que tendrían un discurso continuo y coherente en su conjunto. Hoy sabemos que Soto, utilizado como ejemplo de esos discursos dispersos, es uno de los mejores ejemplos en Europa de una decoración total (Bueno *et al.* 2018).

En la investigación ibérica el norte se asocia a las culturas atlánticas mientras que la interpretación del arte megalítico europeo entiende toda Iberia como un ámbito cultural mediterráneo. Eso explica que la presencia de pintura en el norte de Portugal se relacionase con influencias mediterráneas, y el grabado con el estilo atlántico de decorar megalitos en el resto del occidente de Europa (Shee Twohig, 1981,138).

Estas ideas estuvieron en vigor hasta avanzados los años 80 del pasado siglo, cuando nos preguntamos qué razones culturales, sociales e ideológicas, justificarían distintas respuestas técnicas en la decoración de los megalitos europeos. Una hipótesis contradictoria con las conectividades materiales y simbólicas reconocidas entre Iberia y Bretaña.

Sorprendía que conjuntos megalíticos muy próximos a los del grupo de Viseu, como los megalitos de Galicia, no tuviesen representaciones pintadas, una idea que acabó con la documentación de la espectacular decoración del dolmen de Dombate publicada en los años 90 y los trabajos posteriores sobre megalitos pintados en Galicia (Carrera, 2011). La riqueza de megalitos y pinturas al aire libre en el Sur añadía serias dudas sobre el desconocimiento de la técnica de la pintura entre los grupos constructores de megalitos en esta zona. Por ello nos propusimos un proyecto de investigación en megalitos andaluces que ofreció datos sobre la convivencia entre algunos tipos de grabado y las aplicaciones pictóricas. Ese fue el punto de partida para plantearnos la búsqueda de pintura en otras áreas atlánticas con resultados positivos. Pinturas en emblemáticos megalitos decorados de Bretaña y otras áreas de Francia, Alemania e Inglaterra están confirmadas, además de cronologías directas de los pigmentos orgánicos empleados para las pinturas (Armitage *et al.*, 2020; Bueno *et al.*, 2019a, 2022).

La actualización de los megalitos decorados en Andalucía añade más de medio centenar de sepulcros decorados a las dos localizaciones recogidas por Shee Twohig, el dolmen de Soto y la necrópolis de Montefrío. Sus megalitos decorados siguen creciendo y enriqueciendo un ámbito inédito para la interpretación del ritual megalítico en Europa (Bueno *et al.* 2013a y b, 2016b).

Las cuencas interiores de los ríos Guadiana y Guadalquivir definen los paisajes del sur de Iberia. Interior a la par que una de las zonas con más línea de costa, tanto atlánticas como mediterráneas, el acceso a África es el más directo de toda la Península. La relación de algunos importantes sitios neolíticos y calcolíticos con áreas fluviales abiertas al mar es una de las claves de las conectividades del sur: Campo de Hockey en Cádiz, Valencina de la Concepción en Sevilla, Soto y La Janera, en Huelva, o Los Millares, en Almería. Un territorio en el que las facilidades de tránsito hacia la Meseta y los Pirineos, o hacia la fachada occidental y hacia el ámbito del mediterráneo, forman parte de su idiosincrasia cultural.

La riqueza de aplicaciones pictóricas en los sitios megalíticos del sur era desconocida antes de esta investigación. Ahora es una referencia incuestionable sobre las capacidades de decorar elaborados escenarios de la muerte por parte de los mismos grupos que

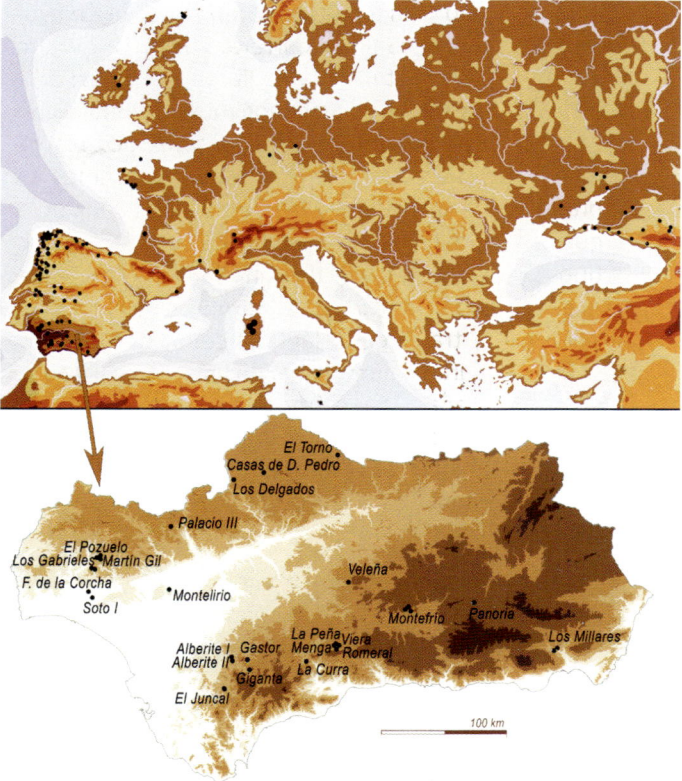

pintaron los abrigos con arte esquemático, valorando una riqueza ideológica, cultural y simbólica sin precedentes en otras áreas de Europa.

El rojo fue el color artificial más utilizado. Mayoritariamente de hematite, se aplicó en mezclas en las que la arcilla tiene un relevante papel. A veces el pigmento tiene un nivel de molturación excepcional como en las pinturas de la puerta de la cámara del dolmen de Viera o en algunas de los soportes del dolmen de Alberite I, en Cádiz. En la gama de los rojos, la goethita tiende a colores más claros que se aproximan al anaranjado. En las analíticas realizadas su uso parece menos común, aunque tenemos ejemplos en el dolmen de Menga y en el de Alberite.

El rojo más excepcional es el cinabrio. Descrito por primera vez en las paredes del hipogeo de Veleña, en Córdoba (Nieto, 1959) se usó para los cadáveres, vestimentas y estatuillas de los depósitos funerarios en el dolmen de Alberite, en Cádiz

Fig. 7. *Megalitos decorados en Europa. Península Ibérica con detalle de los dólmenes decorados del Sur. Bueno et al., 2023a.*

Fig. 8. *Megalitos pintados en Europa con indicación de los que disponen de muestreos de caracterización de pigmentos, según Bueno et al., 2022.*

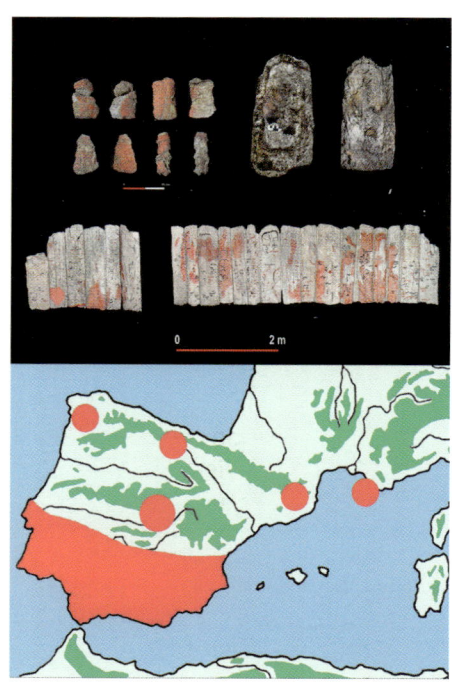

Fig. 9. *Montelirio, Castilleja de Guzmán, Sevilla: Figuritas y estela de barro coloreadas con cinabrio. Alzado con los calcos de los soportes de la cámara. Península Ibérica, zonas con cinabrio en los megalitos y extensión al sureste de Francia. Bueno et al., 2016b, 2019b.*

y, muy destacadamente en el *tholos* de Montelirio en Sevilla (Bueno *et al.*, 2016b). El cinabrio aparece también sobre algunas figuritas portátiles del sur de Iberia, además de sobre estelas del sureste de Francia. Su procedencia de las minas de Almadén, en Ciudad Real sitúa este colorante en el marco de la circulación de objetos de prestigio (Bueno *et al.*, 2019b, 87).

El negro de los dólmenes andaluces es sobre todo de óxido de manganeso, a excepción de algunas mezclas de rojo con carbón vegetal, en el dolmen de Soto y en el dolmen de Alberite. Pocos monumentos se decoraron solo en negro destacando Palacio III, en Sevilla, con sus repintados de series de triángulos en oxido de manganeso y el dolmen de Menga, en Málaga, con sus franjas horizontales.

El color blanco se usó como un enfoscado para la preparación de los soportes. En el norte estas bases se hicieron con caolín, una arcilla con fuentes próximas a los sitios megalíticos. Pero en el sur no se había detectado pintura blanca hasta su identificación en Soto, Alberite, Viera y más recientemente en el dolmen de la Peña, en Antequera. Su caracterización revela procedencias diversas. Por un lado, el yeso descrito en Los Millares por Siret, con algunos indicios en el dolmen de Soto. En el dolmen de Viera el blanco se ha identificado como calcita, una aplicación pictórica que parece posible también en el dolmen de Alberite. Superficies amplias como las de alguno de los soportes de Soto y de Alberite, o dibujos en zig-zag como los del dolmen de la Peña, proponen una variedad temática difícil de detectar por los problemas de conservación de la pintura blanca.

La documentación de los dólmenes de Alberite, en Cádiz, Menga, Viera y Romeral en Antequera, Soto, Gabrieles y Pozuelo en Huelva, confirmó que la primera construcción de estos monumentos recuperó piezas grabadas, y en ocasiones pintadas, de usos anteriores.

Los grabados geométricos que hemos interpretado como la vestimenta de los personajes a los que los ortostatos representan, las hachas enmangadas, báculos, cinturones y estelas, completan un rico arte megalítico totalmente insospechado en Andalucía, que ya Obermaier fue capaz de percibir en su publicación del dolmen de Soto al relacionar sus decoraciones con lo que entonces se conocían del arte megalítico en la fachada atlántica europea.

Fig. 10. *Pinturas analizadas en dólmenes de Andalucía. Arriba, calcos del sepulcro de falsa cápula de Palacio 3, Sevilla, con pinturas negras; en el centro, calcos de la galería de Alberite, con pinturas rojas. Abajo, Viera: pintura roja sobre grabado del soporte fragmentado de la puerta; base de pintura blanca y decoraciones geométricas en rojo del ortostato 14 y antropomorfo esquemático en rojo del ortostato. Bueno* et al.*, 2023.*

Estelas y menhires en megalitos del sur ibérico

Con el estudio de los discursos funerarios de los megalitos en el sur de Iberia pudimos aportar datos sobre estelas y menhires reciclados. En el frontal de la cámara, a la entrada de los monumentos o sobre el túmulo cerrando su uso, estelas y menhires han redefinido lo que se sabía sobre la ideología de los grupos constructores de megalitos. Estas evidencias modifican la interpretación de la antigüedad de los megalitos del sur aportando un argumento nunca antes valorado, sobre dinámicas de profundas raíces neolíticas que las relaciona con procesos muy extendidos en el megalitismo atlántico. (Bueno *et al.*, 2005, 2013a, 2022, 2023).

Fig. 11.
Ubicación de megalitos con pintura y grabados en la Península Ibérica. Abajo, situación de los monumentos con estelas y menhires reciclados, Bueno et al., 2022.

Grandes estelas y menhires previos a las construcciones de Soto, Pozuelo, Alberite, Casas de Don Pedro, Menga, Viera, y Panoria, entre otros, son testigos de una primera fase megalítica oculta en la construcción que hoy se conserva (Bueno *et al.* 2023; Laporte y Bueno, 2022).

La información sobre las relaciones iconográficas de estos soportes con los de otros territorios megalíticos europeos, y la determinación de versiones ibéricas, es otra importante novedad que hemos podido sumar a estos registros y en la que continuamos trabajando.

El dolmen de Soto es un monumento muy destacado para desarrollar estos argumentos. La estatuaria relacionada con el sur de Francia fue mencionada por Obermaier en el dolmen de Soto. Con posterioridad, hemos interpretado del mismo modo el fragmento de estatua menhir del dolmen de Olvera, en Cádiz, una galería como el dolmen de Soto, y estamos trabajando en otros sitios de Cádiz con estas representaciones.

La estatuaria tipo Pozuelo, que caracterizamos sobre uno de los soportes del dolmen 6 de esta

Fig. 12.
Estela del dolmen del Pozuelo 6, Huelva. Fotos R. de Balbín.

necrópolis, ha acrecentado sus evidencias, reuniendo el dolmen de Soto uno de sus inventarios mayores. Piezas alargadas, triangulares, con una base apuntada en la que en ocasiones se observan las dos piernas tratadas escultóricamente o, simplemente definidas por una línea central, hombros anchos y rectos y cabezas semicirculares o rectas, si se conservan.

Hay también versiones menos detalladas, con apéndices inferiores para clavarse en su fosa y que, como las anteriores, no tienen papel portante. Faltan estudios detallados para cuantificar su presencia en monumentos del suroeste, pero un buen repaso de los soportes de la totalidad de las necrópolis de El

Fig. 13. *Túmulos de Pozuelo 3 y Pozuelo 4, Huelva. A la izquierda arriba soporte con idolo antropomorfo grabado; abajo, soporte en forma de plaza con cabeza triangular destacada. Fotos R. de Balbín en Bueno et al., 2017.*

Pozuelo o de Los Gabrieles, incrementará sus datos. Se pueden sumar algunos soportes ortostáticos de hipogeos del Algarve.

Otra aportación novedosa es la determinación de versiones estatuarias de los objetos portátiles que acompañan a los enterramientos colectivos. La estela-placa de la entrada del monumento de Palacio III con cara trapezoidal, manto y brazos y manos delante del cuerpo (ver figura 10), se añade a los datos en dólmenes de Huelva. Pozuelo 3 y 4 se construyeron incluyendo soportes totalmente escultóricos. Unos con formas de objetos muebles, como la placa de cabeza recortada del dolmen 4, o el fragmento de estatua similar a un Idolo antropomorfo reutilizada en el dolmen 3. Otros, se grabaron en los soportes como un personaje similar al anterior sobre uno de los ortostatos del dolmen 3, que reproduce una sistemática comparable a la representación del fragmento inferior de I23 en el dolmen de Soto (Bueno *et al*. 2017, 2024). Pozuelo 3 y 4 presentan en sus ajuares placas y bitriangulares, aunando las pequeñas y grandes representaciones humanas en los mismos depósitos funerarios junto a los restos humanos. Teniendo en cuenta que estos dólmenes son "gemelos", un túmulo está adosado al otro, hemos propuesto interpretar estas imágenes como la expresión de identidades distintas: antropomorfos/bitriangulares el dolmen 3 y placas el dolmen 4, que se asocian o unen en la muerte (Barroso, 2020; Bueno *et al.*, 2005, 2017).

La inclusión en un mismo monumento del sur de Iberia, de soportes escultóricos que muestran conectividades con un conjunto de formas basadas en las figuraciones humanas muebles de gran riqueza y variedad en todo el sur de Iberia, lo posiciona como un megalito clave para fijar cronologías, formas de trabajo y caracterizaciones de una rica estatuaria megalítica (Bueno *et al*. 2013a, 2018, 2024).

Monumento de estelas y menhires en el conjunto de Europa

Buena parte de las representaciones estatuarias de la prehistoria reciente europea se han analizado como elementos individualizados, fruto de sistemáticas sociales que se resuelven visualmente en soportes, vestimentas y objetos dispuestos de manera similar en grandes áreas (Robb, 2009).

Hay monumentos en los que las piezas individualizadas se agregan formando alineamientos, y en escasas ocasiones cromlechs. Los alineamientos más conocidos son los de Córcega y Cerdeña en los que se añaden filas de imágenes humanas en piedra con armas cuya tipología abarca desde el III al II milenio a. C. En los Alpes las estelas armadas de los alineamientos, —los más famosos los de Petit Chasseur en Sion, Suiza—, fueron objeto de movimientos entre éstos y los megalitos, en procesos que aún están en fase de estudio (Cousseau *et al.*, 2022). En Iberia empezamos a tener documentación sobre movimientos de estelas recicladas, caso del alineamiento del Reguers del Seró, en Cataluña, parte de cuyas estelas sirvieron para construir una cámara megalítica.

Las agregaciones en monumentos circulares mejor conocidas son las ibéricas, en concreto, las de los cromlechs de Évora, Portugal. Sus representaciones humanas de caras trapezoidales y a veces collares, se relacionan con la estatuaria del sur de Francia. Hemos demostrado que también aquí la retoma de soportes con representaciones humanas formaron parte de las viejas fases de estas construcciones (Bueno *et al.* 2015b). Su inventario se ha multiplicado con el uso de metodologías fotogramétricas (Cerrillo *et al.* 2019).

Otra parte de representaciones humanas en piedra está protagonizada por lo que se denomina en los Alpes "*massi incisi*", que en Iberia hemos llamado "paneles-estela" (Bueno *et al.*, 2005). Grabadas, figuras humanas acompañadas de armas mayoritariamente del III milenio a. C., hacen visible la presencia de personajes armados al aire libre absoluto en rocas al aire libre, caso de los llamados petroglifos gallegos.

Arte megalítico y conectividades en el megalitismo europeo

El alto nivel de calidad alcanzado en la documentación de los megalitos, desde sus arquitecturas, a los objetos, restos humanos, sedimentos, etc. no tiene el necesario reflejo en el estudio de la decoración de sus soportes decorados. Pero de sus modos de talla, técnicas empleadas e iconografías se obtienen preciosas informaciones que, analizadas en conjunto con el resto de los datos obtenidos, añaden importantes referencias para la interpretación de estos registros.

Obermaier ya fue consciente de que algunas de las formas que se grabaron en los soportes del dolmen de Soto sostenían el conocimiento de imágenes que se estaban realizando en áreas alejadas de Huelva, en la fachada atlántica europea.

Efectivamente, el análisis de la decoración de Soto se suma a la de los dólmenes del Pozuelo, Los Gabrieles, y otros, para confirmar que las conectividades con el megalitismo bretón explican parte de las iconografías onubenses, lo que coincide con la identificación de variscita de las minas de Encinasola en el dolmen de Luffang en la Bretaña francesa, en el IV milenio a. C. Estos intercambios no son necesariamente directos, pero aportan una información fundamental para integrar el megalitismo onubense en las redes de movimientos de objetos, materias primas y quizás personas, que fueron comunes en la fachada atlántica europea en el tiempo de los megalitos (Bueno y Balbín, 1992, 2002,2014; Bueno *et al.*, 2013). Soto concreta otros nexos, pues su estela-menhir entronca con las que están ampliamente documentadas en el Sur de Francia. Los nuevos datos de la arqueología del monumento la ubican antes del 3600 a. C, una de las fechas más antiguas para estas realizaciones (Bueno *et al.*, 2024).

Las imágenes son una materialidad más de la cultura que las produjo, usó y transformó, albergando informaciones sobre contactos y relaciones, y sobre quién, y cuando se hicieron, como las que ofrecen la cerámica, los útiles líticos o los propios restos humanos. Acercarnos al estudio del dolmen de Soto sin tener en cuenta estas consideraciones deja vacía de contenido la rica información que se desprende del análisis conjunto de sus símbolos, su arquitectura, el ritual funerario y los cambios y resignificaciones de un megalito, cuyo uso abarca la práctica totalidad de la prehistoria reciente del sur de Europa, entre el neolítico y el bronce final.

3.

Descubrimiento e investigación del dolmen de Soto

El descubrimiento del dolmen de Soto y su biografía reciente

El descubrimiento del dolmen de Soto, en Trigueros, forma parte de la historia del municipio y de algunos de los personajes que representaron en Trigueros y en la provincia de Huelva, la sociedad ilustrada del XIX. Juan Vides Álamo, empresario agrícola y erudito de una familia de Trigueros, dio el primer paso al detectar una nota en el registro del Ayuntamiento fechada en 1823, que mencionaba un monumento antiguo en la finca de La Lobita, propiedad del marqués de Soto. La amistad entre ambos era muy notable como indica el propio Armando de Soto (Obermaier,1924, 2) , que inició en 1923 las excavaciones bajo la casa del guarda, donde al eliminar las primeras capas de tierra, aparecieron las grandes piedras de la cubierta.

En ese momento, las personas con un cierto nivel cultural se dirigían a las instituciones para avisar de sus hallazgos, lo que hizo Armando de Soto comunicando a la Real Academia de la Historia, la presencia de un gran monumento megalítico en su terreno. Su director, el Duque de Alba que mantenía una excelente relación con Hugo Obermaier, acudió con éste para valorar el sitio. Así quedaron unidos

Fig. 14. *El duque de Alba, Obermaier y Armando de Soto en su visita al dolmen de Soto,1923. A la derecha de esta imagen se aprecia la base de I22, que hoy sabemos es un fragmento de la losa frontal, por tanto, autentificando esta antigua fase constructiva. El corte de más de 60cm tras los personajes cubriría la decoración de la estela-menhir a su lado, I21. En vertical, algunos de los personajes relacionados con la historia del descubrimiento: Juan Vides, Cerdán, Georg y Vera Leisner. Fotos Fundación Casa de Alba, Ayuntamiento de Trigueros, Arquivo Leisner.*

para siempre el Ayuntamiento de Trigueros con su más destacado patrimonio y la Real Academia de la Historia, por su responsabilidad y civismo a la hora de proyectar la investigación de uno de los más importantes megalitos de la Península Ibérica.

La dimensión del hallazgo se acrecentó por el estudio de Obermaier, que formaba parte de las redes de investigadores europeos lideradas por Breuil con quien mantenía colaboraciones muy señaladas. Las relaciones de Breuil con Le Rouzic, el famosos prehistoriador bretón, eran excelentes lo que supuso que el trabajo de Obermaier fuese pronto conocido y difundido. Hasta bien avanzados los 80, la publicación de Obermaier ha sido continuamente citada como una referencia ineludible de la decoración de los megalitos en el Sur de Europa.

Su declaración como Monumento Histórico Artístico en 1931 culminó esta etapa de éxitos, pero con la guerra y los años posteriores el dolmen acabó en el olvido como el propio Obermaier y los investigadores que habían marcado una de las etapas más brillantes de la prehistoria española.

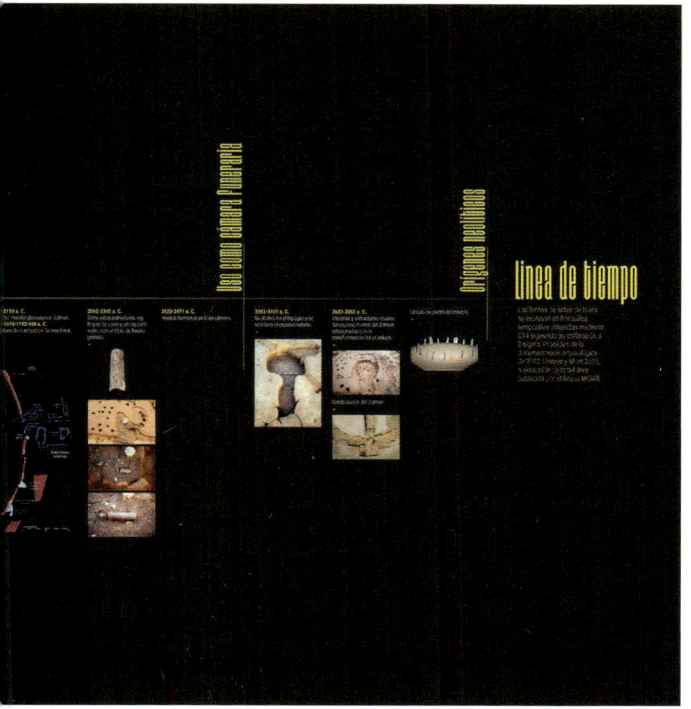

Fig. 15.
Biografía del dolmen de Soto, desde su construcción a la actualidad. Imagen Rocamora estudio. Exposición Museo de Huelva, 2023.

Dos restauraciones mayores, —Félix Hernández en los años 50 y Guarner en los 80—, y un arreglo menor, el de la entrada en 1989, ofrecen escasa informaciones añadidas a las de Obermaier pero añaden muchos problemas de conservación al monumento (Gomez de los Terreros, 2005). Georg y Vera Leisner difunden sus resultados en su gran inventario de megalitos ibéricos, que en lo referido a Huelva se basa en su colaboración con Carlos Cerdán (Cerdán y Leisner,1952).

Solo la restauración de los años 80 contó con dirección arqueológica. Por primera vez se detectaron arquitecturas externas y comenzaron a identificarse nuevos grabados además de pinturas (Balbín y Bueno, 1996; Piñón, 2004). Entre los 80 y los 2000 no hubo más intervenciones arqueológicas, sumando la última una fecha C14 del túmulo que se interpretó como la primera construcción del monumento a mitad del III milenio a. C. (Nocete *et al.*, 2011).

Para facilitar la visita, se construyó un pequeño edificio de recepción. Su papel necesariamente dinámico tiene que reforzarse con la puesta al día del conocimiento científico del sitio. La previsión de nuevas intervenciones en el entorno es un aliciente para que las personas interesadas vuelvan a visitar el megalito y sigan el decurso de los avances en el conocimiento científico, al estilo de sitios de gran proyección europea como Stonehenge.

Obermaier y Armando de Soto, arqueología dentro y fuera de Huelva

Las notas y datos de la excavación de Armando de Soto en 1923 fueron recogidos textualmente en la publicación de Obermaier (1924), quien destacó el valor informativo de los grabados en algunos de los soportes, apuntando una serie de observaciones muy adelantadas a su época.

A Obermaier y a la consolidación de soportes que realizó Armando de Soto, se atribuyó haber transformado el dolmen de Soto en un "falso histórico" al incluir fragmentos decorados y recortes de

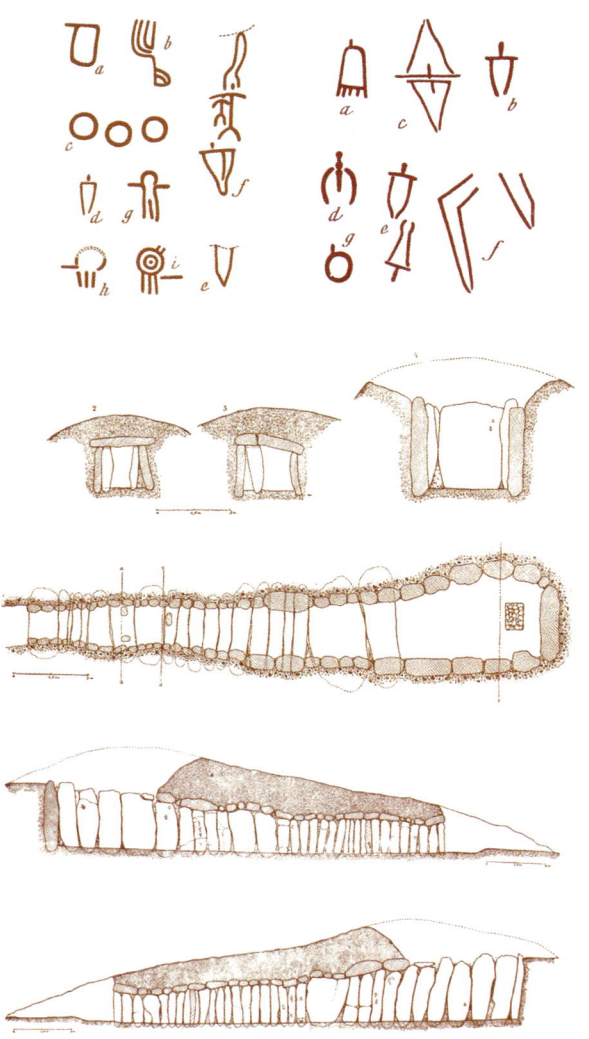

Fig. 16.
Dolmen de Soto, Huelva. Arriba, calcos de los grabados en la pared derecha e izquierda del dolmen de Soto; secciones de la entrada y del frontal de la cámara; planta y alzados con la ubicación del altar, de los grabados y la sección de lo que se conservaba del túmulo. Obermaier, 1924.

las superficies. Nada más lejos de la realidad. Las transformaciones de los megalitos que Obermaier documentó en el dolmen de Soto, poco asumidas en la historiografía del megalitismo ibérico hasta muy recientemente, le pasaron factura en un sentido similar al descubrimiento de Altamira. El desconocimiento se cebó con el mensajero.

La información de la excavación de 1923 se sustentaba en las notas de Armando de Soto, y en fotografías en blanco y negro de buena calidad conservadas actualmente en el fondo de la Casa de Alba y en el de la Real Academia de la Historia, aunque muchas pueden obtenerse en páginas de Internet. Todas ellas confirman las posiciones documentadas en los alzados de Obermaier, al igual que los datos de la información arqueológica actualizada (Linares y Mora, 2018).

Pionero en la documentación de megalitos ibéricos, especialmente en Andalucía, Obermaier conocía bien sus arquitecturas. Describió Soto como un hipogeo, *la cueva del Zancarrón de Soto*, lo mismo que la "cueva" de Menga, una definición arquitectónica que quedó relegada en intervenciones posteriores y sobre la que volveremos más adelante.

Argumentó el destacado papel del túmulo construido en barro y cantos de cuarcita, planteó un posible sistema de construcción, y describió la ubicación de los depósitos de materiales asociados a enterramientos. Es el primer investigador que observa la reutilización de una estela-menhir, I 21, en megalitos europeos, con su extremo distal posicionado al contrario de su ubicación original. Relacionó los enterramientos con las decoraciones de los soportes, una manera de integrar el arte megalítico con sus protagonistas que no ha tenido desarrollo hasta casi el siglo XXI. Su descripción de un altar al pie del frontal de la cámara tiene el interés de que fue Obermaier quien publicó las primeras estructuras de este tipo en megalitos del área de Sevilla, valorando la delimitación de lugares en los que se depositaron objetos y quizás restos humanos. Aportó aproximaciones a la geología del monumento junto con plantas y alzados de mucha calidad como ha podido confirmarse en las intervenciones del 2012. También incluyó la excavación del pequeño monumento próximo, Soto 2, en el que reconoció un fragmento de losa grabada, además de un importante número de enterramientos y materiales que apuntaban una ocupación del III milenio a. C. que relacionó con el campaniforme de Carmona, como el que también apareció en el monumento grande.

En suma, legó una información con un enfoque metodológico moderno para la época, sobre un megalito que planteaba retos novedosos en el conjunto de lo que en ese momento se conocía en el atlántico europeo.

4.

La arquitectura del dolmen de Soto

Informaciones de las excavaciones de 1923

La primera sorpresa que describe Armando de Soto fue la dimensión de la piedra que vieron de la cubierta, que sobrepasaba ampliamente el ancho a cubrir con su más de 3m de largo (Obermaier, 1924, 3). El conocimiento actual de las construcciones megalíticas confirma que este rango de tamaño suele estar relacionado con la incorporación de estelas y menhires reutilizados como parte de estas construcciones, un hecho que se ha comprobado en éste y en otros megalitos andaluces, Menga y Viera los más relacionados con Soto (Bueno *et al.*, 2022). Las cubiertas de la cámara ya estaban perdidas antes de su excavación lo que Armando de Soto explica como un aprovechamiento de las piezas más visibles que eran las próximas a la cabecera, en acciones relacionadas con la construcción de muros contemporáneos.

Piñón (2004) limpió la totalidad de las cubiertas restantes y aunque la documentación gráfica recuperada de su intervención no tiene la calidad suficiente para analizar posibles decoraciones, autentificó la información de la planimetría de Obermaier. Con posterioridad no se ha retomado esta investigación que además de su interés científico sería importante para liberar el peso sumado de sucesivas intervenciones arquitectónicas.

El monumento estaba repleto de arcilla muy dura que cubría casi totalmente su interior, lo que llevó a pensar a Soto en desistir de su objetivo. Pero la visita de algunas personas del ámbito cultural de Huelva como Manuel Siurot y Marchena Colombo le animaron a continuar informándole de que las piedras visibles parecían formar parte de un gran monumento megalítico. A partir de ese momento trabajaron con renovado esfuerzo retirando la arcilla "tan dura como argamasa" con instrumentos rudos, pero dando orden de parar si se veían restos humanos, vasijas o algún otro objeto (Obermaier, 1924, 4).

Obermaier clasificó el megalito como parte de los dólmenes de corredor largo, muy próximo a la "familia de las galerías cubiertas". Su pormenorizada descripción con el tamaño, ubicación y forma de los soportes que la componen, además de su largo total y las medidas de su túmulo, se corresponde totalmente con lo que podemos documentar hoy día.

La hipótesis de Obermaier sobre la construcción megalítica

Siguiendo otras reflexiones de la época como las de Cayetano de Mergelina, Obermaier se interesa por cómo se hizo este monumento hipogeo con planta alargada, espacios diferenciados en altura y puerta con jambas de piedra. La primera tarea sería la excavación de todo el espacio interior siguiendo una línea continua a los dos lados, un gesto común en lo que hoy sabemos de la construcción de las galerías andaluzas. La excavación permitiría deslizar las piedras por su parte superior para depositarlas en su zanja de cimentación y ajustarlas de modo individualizado con calzos de piedra. En el dolmen de Soto, los dos laterales se reforzaron con un contrafuerte de dos metros de anchura de arcilla muy dura mezclada con fragmentos de pizarra y cantos de cuarcita, que la excavación de 1923 verificó tras varios soportes del monumento y cuya composición era visible entre ortostato y ortostato (Obermaier, 1924, 5).

Los trabajos más recientes sobre cómo se construyó Menga retoman algunas de las ideas de Obermaier para Soto proponiendo que estas galerías

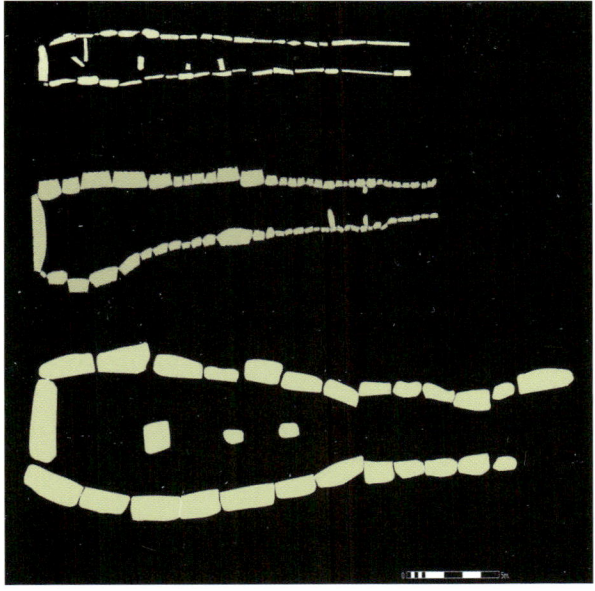

Fig. 17.
Comparación entre las plantas de las galerías de Alberite, Soto y Menga, Bueno et al., 2018,143.

hipogeas podrían responder a acciones constructivas muy laboriosas realizadas en un solo evento (Lozano *et al.*, 2024). Sin entrar ahora en una discusión más detallada, la documentación de Menga ejemplifica las diferencias constructivas entre dos grandes sitios con una planta muy similar, hecho que también comparte el dolmen de Alberite, en Cádiz, pero cuyos soportes y modos de encajarlos son muy diferentes. Soto presenta la particularidad de la destacada individualización de cada soporte, y la evidencia de que sus piezas no son sustentantes como indica el grueso muro de contrafuerte que sería el portante de las cubiertas (Bueno *et al.*, 2018,237). Soto y Alberite parecen construcciones con mayor interés en reunir piedras recicladas, mientras que Menga y Viera se hicieron con sistemas de ajuste y encaje en formatos idénticos, a los que solo escapan algunos soportes interpretados como estelas previas (Bueno *et al.*, 2017).

En las excavaciones de 1923 no se intervino al exterior, más allá de señalar la continuación de la zanja que justificó la valoración de una entrada en rampa que también habría tenido piedras en las paredes, muchas de ellas caídas y fuera de su lugar original en esos momentos.

Asombra en un sentido positivo la incorporación de alzados internos de los cortes para indicar aspectos relevantes como un apuntalamiento que Obermaier atribuye al momento de la construcción y que justificaría la inserción de la Jamba IP3. Las jambas de la primera parte del monumento están en la posición actual con la diferencia de que DP2 debió sufrir la fragmentación de una pequeña porción inferior.

Su alzado de la losa de cabecera presenta los menhires en sus laterales en la misma posición que los vemos hoy, con el que está incluido de canto que en el dibujo de Obermaier tapado por tierra (Bueno *et al.*, 2024; Obermaier, 1924, 8).

Con líneas sutiles señala detalles de las superficies que las hacen reconocibles en la actualidad. Indica la posición de los grabados en los alzados, sumando otra información de gran valor porque responde a la ubicación exacta de los mismos. Obermaier aporta información sobre el perfil del túmulo que asocia al perfil decreciente en altura de los soportes a una mayor profundidad del nivel de suelo, más alto que el que hoy presenta a la entrada del monumento. Todo ello haría de la construcción un lugar angosto de transitar especialmente en la primera parte y de menor altura en la zona de la cámara.

Los contextos arqueológicos en el interior del monumento

La intervención de 2012-2013 tuvo como uno de sus objetivos determinar si aún quedaban indicios de contextos arqueológicos. Se ha recuperado la zanja de cimentación de ambos lados de la estructura, la sujeción mediante calzos de piedra de los soportes y se ha comprobado que la losa de cabecera tiene una fosa propia e individualizada de las dos zanjas laterales de cimentación. Esta zanja perdió consistencia en las zonas que han sufrido con mayor intensidad las intervenciones arquitectónicas contemporáneas, especialmente la central. Pero, aun así, sus indicios permiten definir su trayectoria, su anchura y profundidad (Linares y Mora, 2018,113)., además de su relleno con arcilla compactada, una técnica también utilizada para la construcción del túmulo y el contrafuerte tras los soportes.

Los soportes están en la ubicación documentada en las primeras excavaciones, con algunas pérdidas de materia y más fragmentaciones que las que Obermaier señalaba. Por ejemplo, I4 ha perdido un fragmento en su parte inferior izquierda que sí aparece en el alzado de Obermaier. La fragmentación de los soportes D6, D18, D22, D23, D24 y D29 del lado norte e I15, I23, I24 del lado sur se ha acentuado. Todos ellos han sufrido en los diferentes trabajos de restauración al introducirles hormigón e incluso vigas de hierro que han deteriorado sus superficies. Otras piezas han podido sufrir por la fragilidad de su materia prima, lo que resulta evidente en D27 y D28, que hoy están muy fragmentadas. Pero, sin lugar a duda no hay ninguna falsedad en la información de la publicación de Obermaier, sino

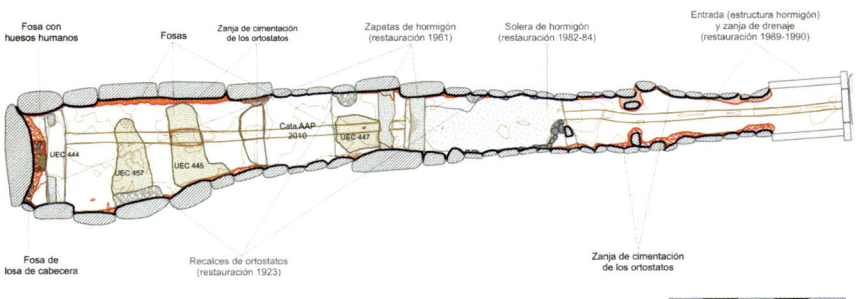

que el estado actual del monumento es el resultado sumado del estilo de consolidar de la época, por un lado, y de las intervenciones posteriores "duras" tanto en los años 50 como en los 80. En este sentido el trabajo de Obermaier ha sufrido un ataque injusto al desmerecer su valor informativo y el cuidado de sus observaciones, muchas de ellas adelantadas a su tiempo.

La actualización arqueológica ofrece las primeras cronologías C14 de las ocupaciones del interior del megalito. Una para su uso funerario en el III milenio a. C. que confirma las informaciones de Obermaier sobre los ajuares de los enterramientos, y otra de su reutilización en la Alta Edad Media, durante los siglos VII y VIII de la era. Huesos sueltos del siglo XVII añaden otro elemento de reflexión sobre los alargados usos del sitio (Linares y Mora, 2018, 100).

Fig. 18.
Excavaciones en el interior del dolmen de Soto, 2012. Planta en la que se indica lo conservado de la zanja de cimentación, la fosa del ortostato de cabecera, las afecciones de las restauraciones y las ocupaciones funerarias altomedievales, Linares y Mora, 2018, 112.

Las áreas externas detectadas en los 80

Partiendo de la información de Obermaier y de las prescripciones de la intervención, el proyecto de restauración de Guarner se asoció a una intervención arqueológica. Piñón detectó un suelo preparado que contorneaba el túmulo compuesto por arcilla endurecida y piedras pequeñas de color blanco. Este tipo de estructura refuerza el volumen del túmulo mediante una plataforma plana en las que el depósito de materiales es un hecho a lo largo del uso de los monumentos. Más que tránsitos del entorno del monumento como se desprende de la palabra que usó Piñón " deambulatorio", son altares externos en los que se alternan depósitos alimenticios y de otro carácter, además de estelas en algunos casos. Knowth es un destacado caso bien documentado arqueológicamente de los que existen en megalitos de toda Europa.

En ese altar se depositaron cerámicas, algunas de ellas de la ocupación del III milenio a. C., detectada por Obermaier también al interior, y una pieza

Fig. 19. *Anverso y reverso de la estelita del área externa del dolmen de Soto. Bueno et al., 2024.*

lítica con cabeza destacada que se ha expuesto con ocasión de la exposición sobre el centenario de la publicación del dolmen de Soto en el Museo de Huelva (2023-2024). No sabemos si el objeto fue funcional, pero por su talla recuerda algunas piezas antropomorfas en los soportes megalíticos de Huelva. Por su tamaño, más de 20cm, puede valorarse como una estelita en la zona externa del monumento, ubicación que repite sistemáticas conocidas en otras áreas externas de megalitos peninsulares y del resto de Europa.

Estos materiales son los primeros que se conservan en el Museo de Huelva pues los de la intervención de Armando de Soto nunca se depositaron, sino que quedaron en manos de la familia y su rastro se ha perdido.

Piñón (2004) añadió otros monumentos en la necrópolis que se asocian al arroyo Candón, todos ellos más pequeños. Revelan una organización jerarquizada que destaca un monumento principal, de mayor tamaño y más decorado, el dolmen de Soto, en una fórmula reconocible en varios cementerios megalíticos ibéricos, destacando los recientemente publicados en el conjunto de Valencina de la Concepción-Castilleja de Guzmán, en Sevilla.

La intervención del grupo MIDAS redescubrió el "camino" perimetral del túmulo de la intervención de Piñón, y dio a conocer los restos de una cabaña metalúrgica con fecha de mitad del III milenio a. C., (Nocete *et al.*, 2011).

La ampliación de la documentación arqueológica de las áreas externas, intervenciones 2012-2013

Las excavaciones recientes han añadido un número muy destacado de estructuras inéditas y, sobre todo, han constatado acciones variadas en el entorno del monumento. Comenzando por la más visible y extendida, todavía es fácil recuperar materiales de trabajo en piedra, especialmente mazos, que sirvieron para preparar los soportes y seguramente para la

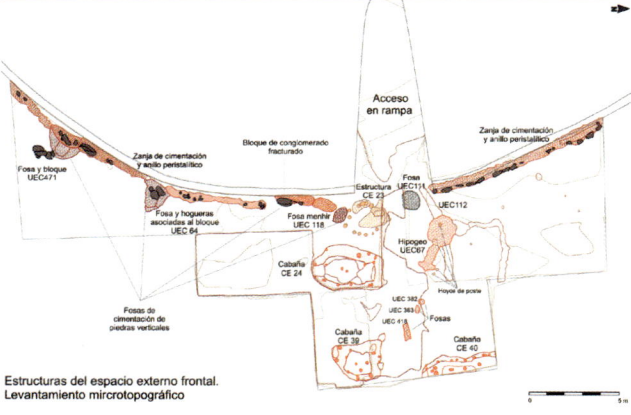

Fig.20. *Excavaciones en el área externa del dolmen de Soto, Huelva. Ortofoto y planta de las estructuras, Linares y Mora, 2018,105.*

construcción del monumento. La protección BIC del entorno ya se ha obtenido y estos indicios podrán estudiarse en el futuro.

Muy cerca de la entrada se detectan varias estructuras. Las que se disponen en el nivel inferior a la construcción del monumento son fosas de pequeño y mediano tamaño con fragmentos de estelas y menhires del crómlech que rodea el túmulo. Delante y en paralelo a la vida del monumento, un nivel superior conserva fosas con restos de ocupación del neolítico final y un hipogeo, además de estructuras de carácter ritual en el área inmediata de la entrada al monumento.

Las fosas donde pudieron asentarse estelas y menhires están próximas al perímetro del dolmen y cortadas por las zanjas de construcción del túmulo.

Por tanto, son anteriores a su construcción. Algunas contienen fragmentos de piedras del crómlech, en ocasiones con hogueras superpuestas. La fecha de una de las hogueras relacionada con el abatimiento del crómlech, 3600 a. C., ofrece una cronología neo-lítica para la construcción del dolmen que incorporó piedras del crómlech. Una antigüedad descubierta a raíz de esta intervención (Linares y Mora, 2018, 100).

Con posterioridad se implantaron en la zona de-lantera un hipogeo y tres cabañas ovales, una de las cuales contenía una vasija con mamelón. Las cabañas quizás se usaron como estancias temporales en los momentos en que se interactuaba con las ritualida-des del sitio. La fecha C14 del relleno superior del hi-pogeo excavado al noreste de la entrada aporta una evidencia científica de que en 3300 a. C. ya se había abandonado, por lo que su origen es más antiguo.

El hipogeo con la fecha señalada abre posibilida-des para que Soto, como otros grandes monumen-tos megalíticos europeos, sea el *iceberg* de un área funeraria más amplia. Solo una extensión de la docu-mentación arqueológica podrá aportar datos a esta hipótesis. La posición del hipogeo ofrece además una información concreta de hasta donde alcanza-ría el desarrollo del monumento antes de 3300 a. C., apuntando a que la totalidad de la galería estaba en pie, así como su acceso en rampa.

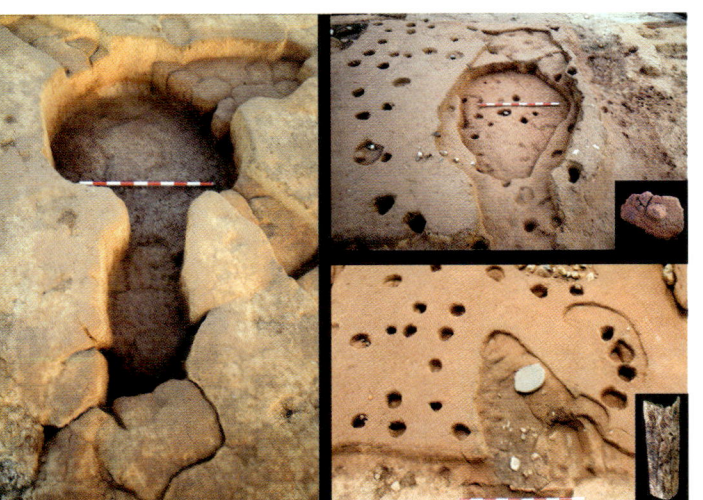

Fig. 21.
Hipogeo, cabaña y área ritual en la zona externa, con detalle de materiales: vasija con mamelón en la cabaña y frag-mento de hueso largo decorado en el depósito. Linares y Mora, 2018,107,108,110. Foto hueso R. de Balbín.

A la entrada del corredor intratumular hubo una construcción con postes de madera que quizás tuvo una cubierta vegetal. Esta se usó a la par que el interior del dolmen, corroborando la intensidad de ocupaciones durante el III milenio en todos los espacios del monumento. Los datos de las fosas aún están en estudio, pero podemos avanzar que se consumieron animales y se procesaron cereales, actividades acompañadas por la deposición de un fragmento de hueso largo pintado, con ojos soles. Esta pieza responde a tipologías de representaciones humanas portátiles como las que se han documentado en el sitio de la Orden-Seminario, también en contextos de rituales de comida y bebida (Bueno *et al.*, 2024; Vera *et al.*, 2010).

La última actividad a la entrada del acceso incluye depósitos asociados a fuegos. Una de las hogueras se ha datado en torno a 1.100 a. C. Coincidiendo con esa cronología al interior del monumento se grabaron puñales con pomo, siendo la imagen más identificativa del Bronce final, la estela D 16 con una espada grabada tipológicamente similar a las depósito Ría de Huelva (Barroso *et al.*, 2021; Bueno *et al.*, 2018, 228).

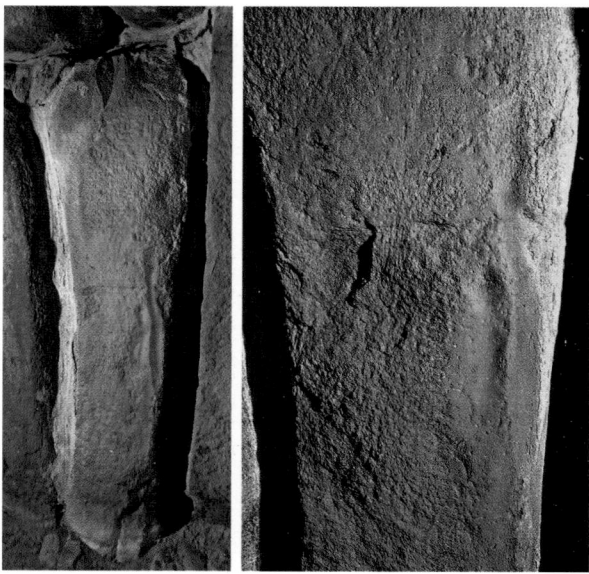

Fig. 22. *Soporte D16. Estela retallada con cinturón, espada de lengua de carpa y puñal con pomo. Bronce final.*

5.

La geología del monumento

Observaciones de Obermaier

Su detallada descripción del monumento destaca que: "gran parte de los soportes eran de granito, varios eran de conglomerado fosilífero, unas pocas de caliza dura, pizarra y arenisca" (Obermaier 1924, 6).

En un momento en el que no se planteaban estudios sobre el recorrido de las piezas para construir los megalitos, Obermaier sitúa la procedencia del granito, probablemente de Escacena a 38 kms. de la ubicación del dolmen. Indica además que la arenisca se ubicaba a 10km de Trigueros, que los conglomerados y caliza pudieron proceder de las canteras de Niebla, a unos 6 kms. y la pizarra era el material más próximo al dolmen, en las riberas del arroyo Candón.

La modernidad de su visión geológica se concreta en una tabla de posibles pesos de los soportes traídos desde lejos para computar el nivel de esfuerzo colectivo que supuso la construcción, situando entre las que tienen más peso una de las cubiertas del corredor, 900kg, y la losa de la cabecera de la cámara con 300kg. Nuestra propuesta de sumar a la losa de cabecera el soporte I22, supondría al menos duplicar el peso conjunto de la Estela Fundadora del monumento en su posición original.

Documentación de la geología de los soportes en las intervenciones recientes

Como indicamos en las consideraciones previas, la geología de los soportes es una elección de quienes organizan la construcción. Hoy sabemos que la elección de los soportes también puede revelar procesos de reciclaje de usos anteriores, o la relación entre la procedencia de las piedras y la procedencia de algunas de las personas que construyeron el monumento. Por tanto, el estudio de la materia prima de los soportes es fundamental para reflexionar sobre los conocimientos geológicos de un amplio territorio por parte de quienes construyeron los megalitos, a la par que sobre las razones sociales que llevaron a reunir piedras de procedencias diversas en un momento que, como Soto, es una síntesis de memorias ancestrales personificadas en sus soportes (Bueno *et al.*, 2015a).

La actualización de la planta y el alzado del dolmen de Soto ha incluido la identificación geológica de sus soportes. Los más visibles, rocas fosilíferas en la cámara que la información arqueológica propone interpretar como el traslado de soportes del crómlech previo para construir el monumento y que también protagonizan alguna de las cubiertas del tramo más próximo a la cámara (Linares y Mora, 2018).

Su color amarillento las sigue individualizando aún hoy en el conjunto de las paredes del megalito. Sus superficies muestran notables cazoletas naturales que, en situaciones de claroscuro, ya sea con la luz del sol entrando por el este o mediante alumbrados de fuego producirían una fuerte impresión visual. Este tipo de selección de soportes tiene abundantes referencias en la Europa atlántica y desde luego en Andalucía en megalitos como Menga, en Málaga, Alberite, en Cádiz o La Pastora, en Sevilla (Bueno *et al.*, 2013a).

La mayoría de los soportes del corredor son grauvacas de afloramientos próximos al arroyo Candón, mientras que algunas calcarenitas de la cámara o las mencionadas rocas fosilíferas vendrían de la unidad geológica de la Formación de Niebla, a una distancia de 5km. La dolomía de D16 también estaría en este radio. Más lejanas son las materias primas de la jamba IP3, una dacita, del menhir reutilizado como cubierta, C14, que es una andesita, y del menhir D30, probablemente del Andévalo, todos ellos materiales que pueden obtenerse en torno a 30km del monumento (Linares y Mora, 2108, 125). La continuación de la investigación sobre la geología de los soportes, en colaboración con T. Donaire sitúa el granito del menhir D30 en el ámbito del Guadalquivir, un dato revelador de que, como indican parte de los materiales arqueológicos, los vínculos culturales con esa zona se mantuvieron desde los momentos más antiguos de las construcciones megalíticas en el sector. Estos vínculos se concretan en arquitecturas como la de Cañada de Carrascal, de la necrópolis del Gandul, en Sevilla, con planta muy semejante a Soto y concordancias notables en los ajuares del III milenio a. C.

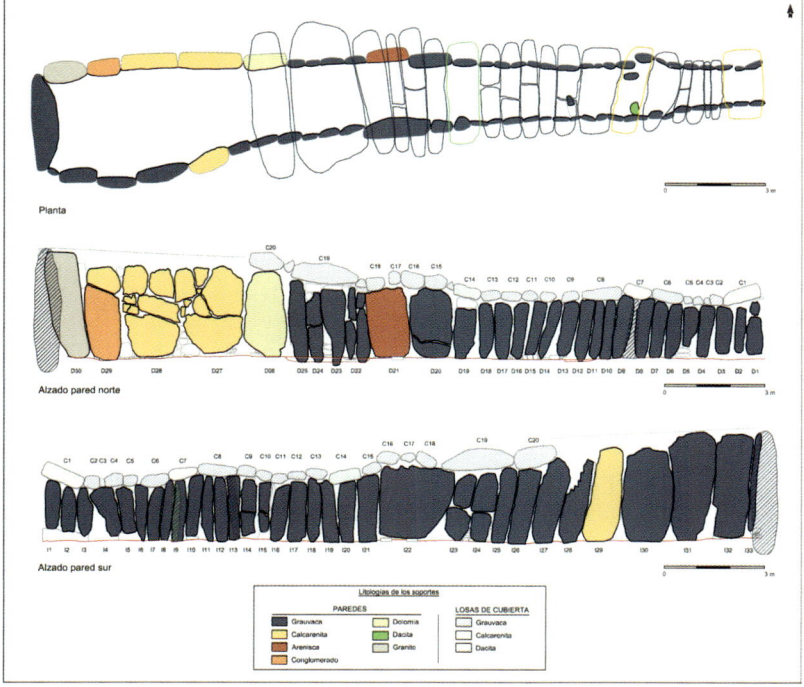

Fig. 23. *Planta y alzado del dolmen de Soto, Huelva, con indicación de la geología de los soportes, Linares y Mora, 2018, 126.*

6.

Enterramientos y ajuares

Armando de Soto encontró siete enterramientos y ocho cadáveres "dispuestos en un total de ochenta centímetros de altura, con huesos del cráneo asociados a restos cerámicos", sentados y apoyados en los soportes, en los que ya indicó la presencia de grabados, y posiblemente sujetos o apoyados en vasijas cerámicas (Obermaier, 1924,5).

Obermaier debió ver los ajuares, hoy desaparecidos, porque los describe con precisión e incluye sus dibujos además de fotografías (Obermaier, 1924, 23). Diez hachas pulimentadas, de las que indica sus huellas de uso, varias hojas finas de sílex negruzco, algunas de ellas con pátina blanquecina, catorce cuchillos sin usar, con retoques continuos y alguno de ellos con frente de raspador, y un núcleo de hojas. La cerámica estaba en muy mal estado por la presión de la arcilla, incorporando piezas de elaboración tosca junto con algunas vasijas de pastas más finas y mejor tratadas, además de un fragmento de campaniforme similar a los de Carmona.

Cita también una "varilla de marfil", sin duda un alfiler de cabeza desmontable como el documentado en otro dolmen onubense, el de la Corteganilla, una *Patella*, conchas de ostras, un diente de tiburón, tres molares de toro, dientes de cerdo o de jabalí, uno de caballo y huesos de pájaro, proponiendo que además de posibles adornos, también pudieron ser restos de alimentos introducidos con los enterramientos (Obermaier, 1924, 26).

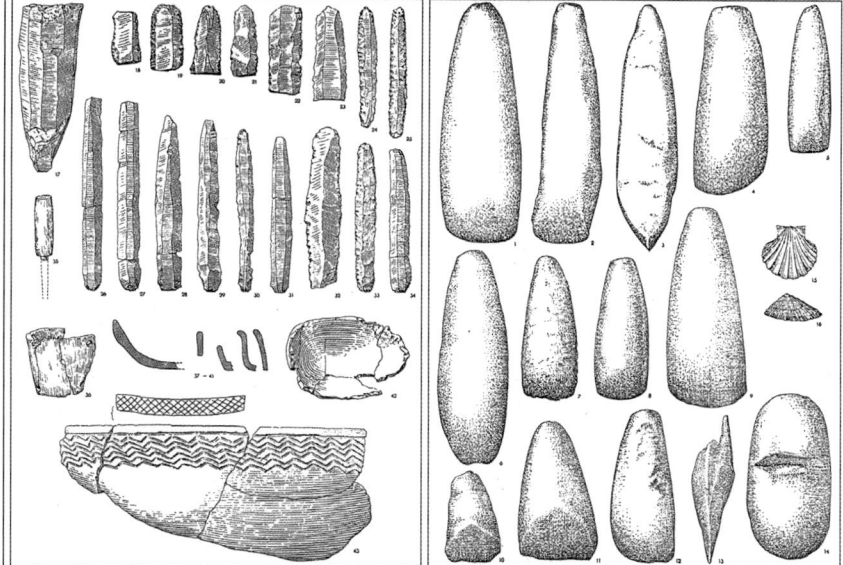

La información de los enterramientos es muy somera, situando los restos óseos especialmente concentrados, seis de los ocho cuerpos, en el corredor, mientras que los otros dos se alojaban al pie de la losa de cabecera y al pie del soporte D 29.

El depositado bajo la losa de cabecera era el único orientado al exterior del megalito, ocupando una posición preeminente en las sistemáticas que conocemos del uso de los megalitos. En la misma zona de la cámara Obermaier describe una "mesa" de 1,15m de largo, 0,75cm de anchura y solo 15cm de altura, realizada con dos capas superpuestas de arcilla y cantos blancos que interpreta como un altar similar al de otros grandes sitios megalíticos, Matarrubilla en Sevilla, Marcella y Arrife en Portugal o los de algunos megalitos irlandeses. Una cronología del III milenio a. C. para esta estructura es coherente con el altar rectangular de barro y cuarcita detectado en el dolmen del Casullo (Bueno *et al.* 2024; Linares, 2010).

Teniendo en cuenta que el propio Obermaier incluye una foto de este "altar" en barro en esa posición, el lugar del enterramiento frontal estaría a la derecha de la losa de cabecera, donde describe e interpreta dos grabados como fórmulas esquemáticas

Fig. 24. Ajuares del dolmen de Soto, reproducidos por Leisner y Leisner, 1943.

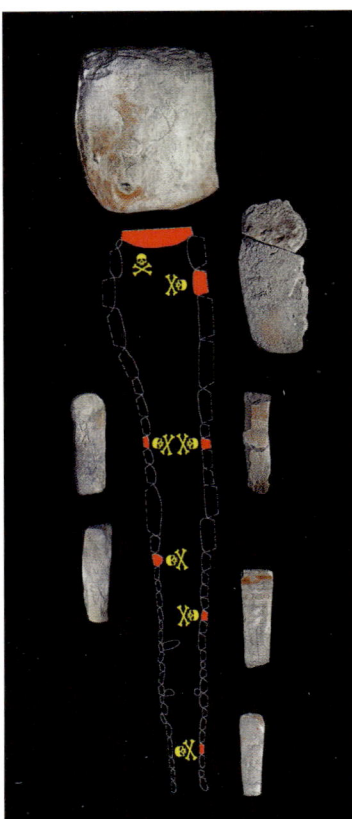

Fig. 25.
Ubicación de las sepulturas al pie de los soportes de cabecera, D30, D24, I24, Bueno et al., 2018.

de lo masculino y lo femenino. La excavación reciente ha detectado una fosa que cortaba la de la implantación de la estela fundacional, siendo por tanto posterior a ésta (ver figura 15). Estaba afectada en su área norte por los trabajos de los años 50 de Felix Hernández que había alojado en ella un fragmento del ortostato D30. Aún con ese problema, la fosa revela una información muy valiosa, pues se ha datado con C14 uno de sus huesos con el resultado de una fecha de mitad del III milenio a. C, confirmando la intensidad de uso del monumento con esa fecha. Los restos recuperados pertenecen a varios individuos, un aspecto que continua en estudio (Linares y Mora, 2018).

Muy cerca y bajo D29 describe el otro enterramiento de la cámara con un fragmento de campaniforme que lo sitúa a mitad del III milenio a. C. En esta sepultura se encontraron varias hachas y piezas de sílex (Obermaier, 1924, 20).

Fig. 26. *Altar del frontal del dolmen de Soto, Huelva, Obermaier, 1924.*

En el corredor, la mayor cantidad de sepulturas se posicionó en el lateral que recibe más luz solar en los equinoccios y en los solsticios, si la puerta del dolmen hubiese estado abierta. Solo una sepultura tenía dos personas, la de la madre y el hijo, apoyada la cabeza de ella en el soporte D24. La madre es descrita como una mujer adulta de la que se conservaba la mandíbula inferior; el niño de unos cinco años llevaba "un brazalete de hueso" y una pieza apuntada y pulida en pizarra negra que podría ser un pequeño puñal en piedra (Obermaier, 1924, 21). Posiblemente envueltos en mortajas de cuero o de tejidos, los cadáveres se prepararon con antelación a su depósito para disponerlos sentados y rígidos apoyados en los ortostatos. El ajuar estaba en sus laterales o quizás envuelto con la mortaja (Obermaier, 1924, 25).

Frente a la madre y el niño, se depositó otra sepultura bajo el soporte I25 que acumula una buena representación de puñales realizados sobre una fase anterior de grabados de círculos y soles (Bueno *et al*. 2018, 197). La cabeza se apoyaría sobre los dos puñales más cercanos al suelo. Las sepulturas bajo

D15 y D20 también se ubicaron al pie de soportes reutilizados.

Confirmada una fase funeraria del III milenio a. C., la antigüedad del monumento descubierta en las excavaciones recientes plantea que los restos humanos de las primeras ocupaciones fueron trasladados o eliminados, como también parece haber sucedido con los que alojaría el hipogeo de la entrada. Procesos de movimiento de cadáveres de unos a otros sepulcros tienen evidencias arqueológicas en sitios megalíticos como parte de las dinámicas de uso y transformación estos grandes memoriales de ancestros.

Soto 2 también fue intervenido por Armando de Soto, indicando que ya estaba muy destruido en ese momento. Piñón (2004), recuperó restos de enterramientos en cuclillas como los descritos en el dolmen principal. Hachas, hojas de sílex, una punta Palmela de cobre y escasas cerámicas confirman cronologías del III mileno a. C. como el momento álgido de uso de este monumento. El fragmento de pieza decorada reutilizada que describe Obermaier (1924, 29), redunda en la retoma de antiguas estelas decoradas para construir los monumentos megalíticos de la región (Balbín y Bueno,1996).

Fig. 27.
Soporte reutilizado del dolmen de Soto 2. Foto R. de Balbín.

7.

Metodología para el estudio de los soportes

Programa de documentación de grafías megalíticas

El trabajo sobre el terreno se realizó durante tres años a lo largo de varias campañas. Además de la investigación, el objetivo de este programa era el encargo de la Junta de Andalucía al equipo de Alcalá, para aportar información a la empresa *Cresarte* que iba a limpiar los soportes y necesitaba una guía sobre las formas y técnicas originales a conservar. Para facilitar el inventario y su consulta, numeramos cada soporte siguiendo el orden propuesto por Obermaier (ver fig.2 y desplegable al final de este texto).

Aspectos tan relevantes para la organización de la documentación en arte prehistórico, como la definición de paneles, se resuelven en la propia configuración de los megalitos ortostáticos. Cada ortostato es un panel, una superficie susceptible de haber recibido decoración, cuyos límites son conocidos, aunque muestren pérdidas de materia. Cada panel presenta un trabajo propio que lo singulariza del resto y facilita análisis de superposiciones técnicas e iconográficas, además de informaciones sobre su proceso de preparación. Detalles específicos como borrados de decoraciones anteriores mediante abrasiones son muy comunes en todo el monumento, al igual que intervenciones más recientes mediante haces de finas incisiones en las que aún estamos trabajando.

La suma de estas lecturas individualizadas argumenta las intervenciones en el monumento que pueden ordenarse de manera secuencial en lo que hemos denominado "eventos gráficos" (Bueno *et al.* 2018, 82). Relacionar los eventos gráficos con los eventos arqueológicos es el objetivo preferente de cualquier intervención que pretenda establecer datos para una arqueología del arte prehistórico.

La denominación de los soportes del arte megalítico

El uso de palabras como *estelas*, *menhires* u *ortostatos*, es diverso según el ámbito de Europa en el que nos encontremos. En la Península Ibérica se clasifican como *estelas* los soportes de formato rectangular con decoración orientada a reproducir su imagen humana, mediante cabezas destacadas, estrechamientos en la cintura y acrecentamiento de volúmenes naturales. Pero también entran en esta denominación piezas, de sección plana, con acabados superiores redondeados, cinturas estrechadas o morfologías que se acercan a la imagen humana. Como *menhires* se describen soportes de secciones espesas, generalmente tendentes a formas circulares. *Ortostatos* serían los soportes rectangulares de los megalitos de secciones no gruesas.

En ocasiones estas clasificaciones se entienden como determinación cronológica, una cuestión insostenible con el conocimiento actual del arte megalítico. Pocas veces son fáciles de aplicar pues hay menhires de secciones planas que abundan tanto en el Norte como en el Sur de Iberia y las estelas presentan variadas secciones y volúmenes. De hecho, la diferencia entre *ortostatos* y estelas es difícil de establecer, entre otras cosas porque cuando tenemos oportunidad de estudiar en profundidad los programas gráficos, muchos de los *ortostatos* han sido revestidos como auténticas estelas mediante la pintura de sus vestimentas. O lo que se interpretarían como *ortostatos* si estuviesen al interior del dolmen, al detectarse en el ámbito externo, se clasifican como menhires, como sucede en el acceso al dolmen de Alberite (Bueno *et al.*, 1999).

La terminología estela-menhir se refiere a piedras habitualmente al aire libre de sección plana
y decoradas al menos por una de sus caras. En Re-
guengos, Portugal, el territorio ibérico con mayor
concentración de estelas-menhir, menhires, dólmenes y recintos de foso, las estelas-menhir y los menhires tienen la misma decoración, lo que relativiza
el uso de estas terminologías como determinación
de cronologías y estilos decorativos. Extendiendo el
argumento, la decoración de algunas estelas-menhir
es muy similar a la de algunas estatuas-menhir, un
producto más escultórico en el que prima la representación tridimensional absoluta. La estela-menhir
reutilizada de Soto, I21, sigue parámetros iconográ-
ficos y técnicos de las representaciones clásicas en
las estatuas-menhir del Sur de Francia.

Así pues, la diferencia entre ortostatos, estelas
y menhires es más una clasificación que ha adquiri-
do visos de practicidad, que una auténtica diferencia entre distintos tipos de productos megalíticos
(Bueno,1995). Seguiremos estas denominaciones
en su acepción más genérica pues hacen visible el
índice de piezas recicladas, y sus diferentes secciones y tamaños.

Fig. 28.
*Menhires a la
entrada del dol-
men de Alberite,
sección plana
y rectangular.
Fotos R. de
Balbín.*

8.

Técnicas decorativas. Preparación, formalización y decoración de soportes

La preparación y selección de los soportes

La construcción de un megalito comienza por la elección de su ubicación, orientación y selección de las piedras que formarán parte de su estructura. El reciclaje de piedras más antiguas, bien porque ya estaban hincadas en monumentos previos como los dos menhires del dolmen de Casas de Don Pedro en Córdoba, bien porque se trasladaron para ejercer el papel de piedras fundadoras, es habitual (Bueno *et al.* 2016 b, 2022). En ambos casos, la reformulación de sus contornos es necesaria, de manera que los trabajos previos requirieron de acortar, estrechar y adaptar medidas y formas a un nuevo edificio. Teniendo en cuenta que el dolmen de Soto está construido en su totalidad por piezas recicladas (Bueno *et al.*, 2018), el trabajo de preparación debió ser ingente, así como importante el número de personas que participaran en él, seleccionando piezas, moviéndolas desde su lugar de origen y retallándolas para encajarlas en el nuevo sitio. Del centenar de piezas de Soto solo los menhires de las cubiertas y alguno de la cámara se usaron en su estado original, sin arreglos posteriores. Esta manera de integrar los menhires reciclados en la cámara y que sean ellos

Fig. 29. *Infografías de la construcción del dolmen de Menga, una galería con planta similar al dolmen de Soto, trabajos de talla in situ sobre una gran estela y propuesta de construcción para el dolmen de Soto. Imágenes Junta de Andalucía.*

los soportes más completos, sugiere que fue su altura la medida que se tomó como base para la altura de la cámara.

Algunos de los soportes se incluyeron ya decorados como resultado de su uso anterior por lo que la primera acción en estas piezas fue grabar y pintar sobre fases previas. Y la primera pregunta a resolver es si esta decoración se realizó dentro o fuera del megalito. Al igual que para la preparación de los soportes no nos cabe duda de su desarrollo en el área externa donde aún se pueden detectar mazos y piezas de piedra objeto de estos trabajos, la decoración pudo hacerse en el dolmen, aunque algunas zonas, especialmente más angostas y bajas que como han llegado hasta nosotros, harían francamente difícil este trabajo.

La selección también tiene en cuenta otros factores, como el color natural, la porosidad/rugosidad de las superficies, o la presencia de cazoletas naturales como ya hemos mencionado.

La diferencia de colores en los soportes del dolmen de Soto es especialmente destacable siendo los amarillos de conglomerados, las piezas más visibles en la cámara y en los fragmentos que se conservan del crómlech abatido. Una cierta impresión de que el color marca la "antigüedad" de los soportes, añade otro elemento de carácter ideológico en la selección de los soportes que más adelante comentaremos.

Las técnicas del arte megalítico

La realización de motivos sobre los soportes pétreos de los monumentos megalíticos conforma la decoración de este tipo de sitios. La pintura, el grabado y el bajorrelieve son las técnicas básicas del arte paleolítico, a las que se añade la maestría en el manejo del modelado en arcilla, y de la escultura, todas ellas técnicas bien contrastadas en el arte postglaciar.

Definir las técnicas del arte megalítico cobra sentido en el contexto de estudios del arte postglaciar, pues tanto su terminología, como su caracterización requiere de una concreción todavía escasa en estos estudios, que conduce a usar términos poco adecuados o sin significado. En el caso del dolmen de Soto, tanto la variedad de técnicas de grabado que aporta esta investigación, como la abundante presencia de pintura, son factores totalmente inéditos (Bueno *et al.* 2018,63-83).

El grabado

Dos técnicas aparecen como referencias básicas en el conjunto del grabado, la incisión y el piqueteado, que además de tener papeles propios son el punto de partida de elaboraciones posteriores: bajorrelieves, relieves y abrasiones.

La incisión es un fino grabado con un útil de punta afilada. Su uso como probable línea-guía de algunos temas pintados resulta convincente, al igual que su papel en la definición de temas propios. Algunos autores se refieren a las incisiones finas como "grabados filiformes", desvirtuando la caracterización de este tipo de trabajo.

La incisión profunda se conoce en la totalidad del arte megalítico europeo, en general acompañada de piqueteado que o bien se usó para abrir el surco, o para ampliarlo. En Soto, buena parte de los grabados más visibles están realizados con esta técnica, la incisión posteriormente piqueteada y en ocasiones con un acabado alisado que se consigue por abrasión. Para ello se roza una superficie desigual obtenida por piqueteado, con una pieza dura acompañada de algún abrasivo, normalmente arena y agua. Pulimentar una superficie es ejercer el mismo tipo de trabajo, pero con una base lisa que no ha dispuesto de piqueteado previo.

Entre las técnicas del grabado inciso hay que incluir el raspado mediante el arrastre de un útil de punta ancha que extrae la capa superficial de la materia prima del soporte. Es una técnica de efecto pictórico al proponer fuertes contrastes entre el tema grabado y el color del soporte. No es descartable que estos raspados dispongan de acabados piqueteados posteriormente abrasionados, o de pulidos. Se pueden comprobar acciones de este tipo en soportes de Soto, como I23.

Una versión más profunda del raspado consiste en extraer materia prima del soporte, obteniendo figuras que en su versión más contrastada pueden hacerse equiparable a la excisión. El protagonismo de esta solución técnica en la figuración de armas tanto en megalitos como en soportes al aire libre del arte postglaciar europeo, es muy notable (Barroso *et al.* 2021, Bueno *et al.* 2009b: 902). La técnica de raspado se refuerza en estos casos con piqueteado y abrasión, contribuyendo a dar profundidad al trabajo inicial.

El piqueteado es un golpeteo constante con un útil de pico relativamente grueso que produce cúpulas más o menos próximas entre sí. Los golpes directos producen líneas de trazo rápido con algunas imperfecciones en su desarrollo. Los golpes indirectos, con un cincel intermedio, permiten controlar mejor la línea y el producto final ofrece mejor calidad. Ambos tipos de piqueteado están documentados en el arte megalítico.

Según su extensión el piqueteado puede ser masivo, cuando afecta a la totalidad del relleno interior de una figura, o en el caso de los soportes megalíticos, a la preparación de los mismos. La preparación mediante *picking*, caracteriza algunos megalitos decorados de Irlanda y tiene buenos ejemplos en el dolmen de Soto. El piqueteado en estos casos indica una serie de conocimientos para formatear la superficie de los soportes, una vez que estos fueron definidos mediante su talla. Pero también es un sistema de grabado con el que se delimitaron temas específicos. Sin olvidar que pudo servir para fijar tratamientos posteriores, como aplicaciones de pintura, una evidencia que ratifican algunas superficies del dolmen de Soto.

En general los piqueteados de contorno son los más comunes. El piqueteado tiene versiones más profundas y versiones superficiales, que al igual que señalábamos respecto al raspado, resulta una técnica de aspecto pictórico al obtener un gran contraste entre el color del soporte y el del grabado.

Algunos piqueteados han sido abrasionados obteniendo surcos pulidos y en ocasiones notablemente anchos. Soto incluye la suma de incisión fina para delimitar los temas e incluso para trazar sus elementos básicos interiores, piqueteado para profundizar y abrasión para ofrecer un resultado final pulido. Así

Fig. 30.
Técnicas de gabado en el dolmen de Soto, Huelva. Incisión profunda, soporte I20; piqueteado en DP3; abrasión, soporte I18; falso bajorrelieve, fragmento inferior de I23. Fotos R. de Balbín.

se han realizado buena parte de las formas ovales y alargadas que pueden interpretarse como hojas metálicas, y como hachas enmangadas. La singularidad de esta técnica solo tiene referencia en el dolmen de Magacela, y en Granja de Toniñuelo, ambos en Badajoz, y ambos con una importante ocupación calcolítica (Bueno y Balbín, 1997; Bueno y Píñón, 1985).

Soto es uno de los pocos megalitos, casi todos detectados en el suroccidente, donde se disponen relieves sobre soportes dolménicos. Falsos bajorrelieves obtenidos mediante la extracción de materia prima al exterior del tema a destacar, como la cara y los senos de la famosa estela al revés. O auténticos relieves esculturales como los que conforman las piernas de algunos de los soportes escultóricos del monumento, un caso excepcional en el megalitismo europeo.

La pintura

La pintura es una aplicación plástica sobre el soporte de pigmentos que han sido previamente seleccionados, triturados y mezclados con algún tipo de aglutinante. Como el grabado, es una técnica que requiere de una cadena operativa que supone el conocimiento en profundidad de los sitios de donde extraer colorante, y desde luego, de los aglutinantes de mejor calidad, o de las mezclas más efectivas. Su conservación depende de muchos factores, entre ellos de la calidad de su imprimación (Bueno *et al.*, 2023).

Hemos diferenciado la pintura simple, que se aplica directamente sobre el soporte, lo mismo que en los abrigos con arte esquemático. Es rápida de ejecutar y su conservación depende de la calidad de la superficie, de la materia prima y de la cantidad de pigmento empleado. Algunos soportes de Soto recibieron masas muy importantes de pintura simple lo que justifica la buena conservación de D15, por ejemplo. Pudieron usarse esponjas como en el arte paleolítico, pieles o tejidos de superficie media que se impregnaron de colorante para presionar sobre la superficie total o sobre una parte de la misma. Este sistema dinamizaría el trabajo de preparación de algunos soportes que además de estas bases de pintura recibieron piqueteado. En el dolmen de Soto hemos documentado huellas de pincel, un caso poco común en los registros de arte megalítico que se explica probablemente en la masa de pigmento que sería mucha y compacta. Su secado rápido habría favorecido la visibilidad de las huellas de pincel que documentamos con el uso de una máquina de microfotografía (Bueno *et al.*, 2018,78).

Las aplicaciones más elaboradas las hemos denominado pintura compleja. Presentan una primera capa de arcillas blancas o de otros componentes cercanos a la calcita sobre los que se pinta en color rojo y negro (Bueno *et al.* 1999). Esta capa blanca actúa como un estucado, eliminando o al menos matizando la porosidad de los soportes, igualando las superficies y mejorando los acabados además de que favorece la conservación. También se dispuso pintura en los suelos. Es el caso de suelos rojos en algunos dólmenes

Fig. 31. *Detalles de aplicaciones pictóricas en el dolmen de Soto. Huelva. Arriba foto de las huellas de pincel sobre pintura roja del interior de las bandas pintadas en D15; detalle del puñalito Ciempozuelos pintado en rojo en D18. Abajo, banda superior pintada en D15; pintura en el fragmento superior de D24. Fotos R. de Balbín.*

onubenses y cordobeses o del dolmen reciente de Dombate que conservaba parte de la pintura blanca del suelo realizada del mismo modo que la de la base de los soportes (Bello, 1996; Bueno *et al.*, 2019).

La documentación de las intervenciones en los soportes

La fotografía arqueológica es una fotografía científica y ha de protocolizarse como tal. Nuestro objetivo no es ofrecer fotos artísticas, sino desarrollar sistemas que permitan incrementar la visibilidad de las decoraciones más allá de las capacidades del ojo humano. El uso de luces artificiales y el trabajo con distintas tomas ofrece una versatilidad práctica para la búsqueda de imágenes difíciles de observar. Fotografiar lo que se ve no es complicado, documentar los restos más degradados, sí que lo es y en eso consiste el trabajo experto.

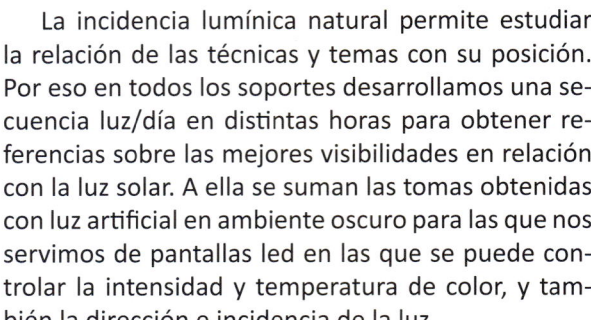

Fig. 32.
Dolmen de Soto, Huelva. Calcos de los alzados norte y sur, frontal, jambas y cubiertas. Fotografías R. de Balbín en Bueno et al., 2018, 86-87.

La incidencia lumínica natural permite estudiar la relación de las técnicas y temas con su posición. Por eso en todos los soportes desarrollamos una secuencia luz/día en distintas horas para obtener referencias sobre las mejores visibilidades en relación con la luz solar. A ella se suman las tomas obtenidas con luz artificial en ambiente oscuro para las que nos servimos de pantallas led en las que se puede controlar la intensidad y temperatura de color, y también la dirección e incidencia de la luz.

Se trabaja panel por panel de manera individualizada para obtener tomas de calidad siempre frontales. Según el espacio este aspecto presenta problemas, y para solventarlos en el dolmen de Soto se han usado barras de extensión sobre trípode. Cada una de las tomas de cada soporte se superpone usando programas de Adobe profesional, en una fotografía final que reúne las mejores visibilidades del soporte, su talla y su decoración. Esta fase se realiza en laboratorio y es muy laboriosa. El producto final es "fotografía restituida", que ofrece una imagen elaborada muy próxima a una fotogrametría artesanal con la ventaja sobre los procesos mecánicos de la minuciosidad de la documentación fotográfica y de su calidad.

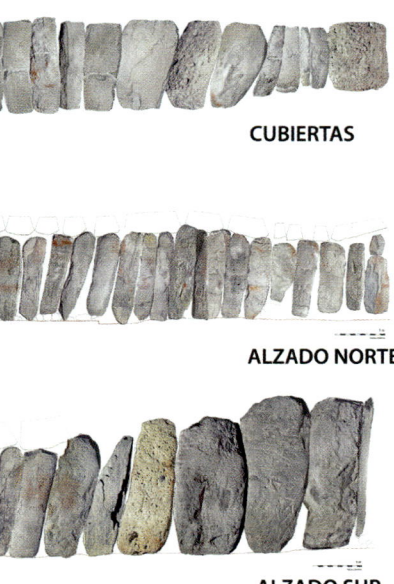

CUBIERTAS

ALZADO NORTE

ALZADO SUR

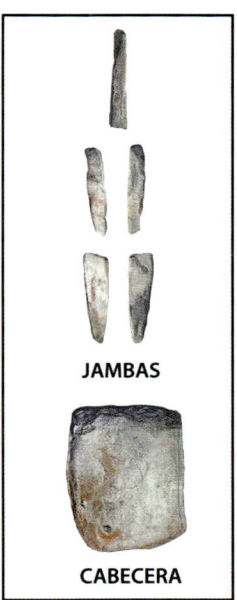

JAMBAS

CABECERA

Las tomas se incluyen en soportes digitales geo-rreferenciados, bien sea fotogrametría, 3d u otros y se trabaja en la elaboración de los calcos, sumando la información de las fotografías restituidas con las que ofrecen los sistemas mecánicos de toma de datos. Ampliando las imágenes 3D, RTI o fotogramétricas, —todas ellas formatos de compresión de imágenes— se pueden seguir todos los trazos por mínimos que sean.

En los últimos años se traslada la idea de que las tomas de datos mecánicas resuelven en sí mismas, de manera rápida y eficiente, toda la información que podemos extraer de los soportes. La experiencia propone como mejor opción reunir las fotografías del trabajo de documentación con las imágenes de láser scanner u otras tomas mecánicas, incrustando fotografías de calidad en los levantamientos milimétricos que aportan estos sistemas. El primer resultado que publicamos del levantamiento fotográfico de las paredes del dolmen de Soto, explicita el nivel de calidad para las imágenes, al permitir individualizar los paneles en posición frontal, para obtener los máximos resultados de este tipo de documentación (Bueno y Balbín, 2014).

La caracterización de los pigmentos

Los colores aplicados artificialmente son una huella arqueológica cuyo análisis es un dato imprescindible para distintos aspectos, desde las estrategias para su conservación y limpieza, hasta el estudio de las técnicas, mezclas, modos de aplicación, y relaciones inter y extragrupales (Bueno *et al.* 2023). Las técnicas no invasivas son la herramienta fundamental para la caracterización de los pigmentos en: los megalitos y fuera de ellos.

Los colores son parte de elaborados escenarios funerarios. Tanto el blanco, como el rojo y el negro, muestran una escala desde los más suaves a los más intensos, aspecto que se ha relacionado tradicionalmente con la conservación. Los resultados de la microscopia Raman en Soto revelan la incidencia en el color final de las mezclas de arcilla y pigmento. Estas explican el nivel de compactación y la masa que aún se aprecia en algunos restos. La plasticidad de la arcilla sumada a la plasticidad de los pigmentos debió constituirse en un elemento destacado de las producciones finales del que hoy solo podemos ver restos más o menos dispersos.

Técnicas no invasivas para la determinación de los pigmentos

La caracterización de pigmentos sobre el terreno se realiza con dos tipos de técnicas: el Tubo de Difracción de Rayos X (EDFRX) y la microscopía Raman *in situ*. Es fundamental trabajar con expertos en tomas de datos de pigmentos antiguos pues el ajuste de sus aparatos es una condición básica. De otro modo los muestreos dan resultados inválidos.

El Tubo aporta la composición elemental de los componentes de los pigmentos, mientras que el Raman ofrece además datos para conocer su composición química, y estructura (Hernanz, 2015; Roldán *et al.*, 2005). Hemos optado por incrementar las analíticas con Raman para disponer de datos sobre la composición, el tipo de manufactura y las posibilidades de datación de los pigmentos, pues muestrea componentes orgánicos.

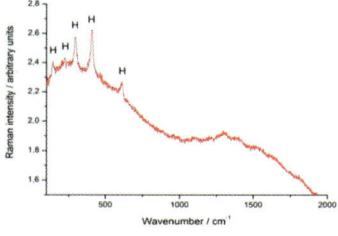

001	Rojo en la zona izquierda de la banda superior. **Hematites**, muy poco **cuarzo**.
002	Rojo en la banda superior, bajo muestra 1. Intensa fluorescencia podría indicar presencia de arcillas en la masa pictórica.
003	Posibles restos de negro en la zona superior. **Carbón**. Indicios de **hematites**. Hay también **anatasa** y **cuarzo**.
004	Negro sobre círculo central. Hay cuarzo. No hay carbón. Trazas de **hematites**.
005	Algo a la derecha para enlazar de nuevo el negro. **Carbón**. Algo de **anatasa** y **cuarzo**.
006	Interior del círculo izquierdo. **Carbón** y algo de **hematites**. Potencia láser al 15%.
007	Interior círculo central. Intensa fluorescencia. Potencia 15% aparece algo de **carbón** y **anatasa**.
008	Interior círculo central. Potencia 5%, mismo sitio, poco **carbón** y **anatasa**.

Los dos equipos son sensibles a las condiciones ambientales y es necesario seguir unos parámetros de humedad y temperatura constantes que siempre se recogen en la ficha de información de cada uno de los muestreos. La toma de datos en campo se completa con un trabajo de laboratorio bastante exhaustivo. Este comprende el estudio de los espectros para su caracterización morfológica y su composición elemental mediante SEM-EDS además de sobre su microestratigrafía, sobre la presencia de fases cristalinas (DRX), sobre elementos orgánicos, etc.

Los espectros son la prueba científica de los datos obtenidos, mostrando las bandas de componentes de modo cuantitativo. Su obtención es muy laboriosa, pero resulta imprescindible como método de contrastación científica que desgraciadamente falta o es escaso en algunas publicaciones recientes. Hay que señalar además la ubicación en la que fueron tomados pues el láser toma datos en un 1mm cuadrado, lo que teniendo en cuenta los problemas de conservación de la pintura puede ofrecer datos negativos en el mismo soporte en que se han obtenido datos positivos. De ahí que la experiencia en este tipo de técnicas y la paciencia, sean herramientas fundamentales.

La caracterización con microscopía Raman *in situ* del dolmen de Soto es el primer muestreo sistemático con esta tecnología en dólmenes ibéricos. Los resultados obtenidos en Soto aportan referencias in-

Fig. 33.
Dolmen de Soto, Huelva. Documentación con microscopía raman in situ con Antonio Hernanz y Juan Ruiz. Detalle de espectro en rojo, ubicación y resultado de los muestreos del soporte D15. Fotos R. de Balbín.

cuestionables sobre el nivel y variedad compositiva de los pigmentos en la decoración del monumento. Con este trabajo, la pintura que habíamos publicado en los años 90, mediante su identificación fotográfica ha sido plenamente corroborada (Bueno *et al.* 2018,137-139).

Dataciones C14 del contenido orgánico de los pigmentos

Desde los años 70 del pasado siglo las fechas C14 sobre pigmentos de carbón vegetal se extendieron para la datación del arte paleolítico. A este sistema se ha sumado el conjunto de dataciones por costras de uranio que amplía las posibilidades en fechas donde la técnica de C14 no llega.

Para el arte postglaciar, las fechas C14 sobre pigmentos no son muy abundantes y en su su mayoría, se han obtenido de pinturas negras en el arte megalítico de Galicia y Norte de Portugal (Carrera y Fábregas,2022), y en sitios del resto de Europa donde nuestro equipo ha tenido ocasión de intervenir (Bueno *et al.* 2023). Algunas dataciones por costra de oxalato comienzan a disponer de referencias (Ruiz *et al.*, 2013).

La escasez de pigmentos en negro de carbón en Andalucía es un hecho en los muestreos que hasta el momento hemos realizado en Menga, Viera, Pozuelo, Soto y Alberite, en los que prolifera el manganeso. Pero las mezclas de rojo con negro de carbón o de negro de manganeso y carbón, proponen una vía novedosa. Para ello es necesario recurrir a técnicas más sofisticadas de extracción del carbón orgánico amalgamado en estas mezclas. El proceso se denomina *Plasma oxidation*. Se trata de una técnica desarrollada por Marvin Rowe en los años 90 mediante una "limpieza" química que da como resultado una muestra datable. Karen Steelman ha trabajado en muestreos del dolmen de Soto para detectar cantidades mínimas que permitieran obtener resultados C14, en un proceso aún en marcha.

9.

Iconografías y soportes

Menhires

Los menhires protagonizan una parte de la selección de los soportes de la cámara y la casi totalidad de las cubiertas. Versiones de sección plana y redondeada comparten espacios y proximidad, como es el caso entre los soportes I31 a I33 de la cámara. En las cubiertas también hay menhires de sección gruesa con piezas más planas. Esta documentación es muy valorable para el estudio de los conjuntos de menhires al aire libre, que son bien conocidos tanto en Huelva como en el Algarve, argumentando la contemporaneidad de formas y tratamientos diferenciados como sucede en el resto de la fachada atlántica.

Los que están decorados en la cámara presentan mayoritariamente cazoletas, sencillas oquedades circulares que se han obtenido por piqueteado y posterior abrasión. Tanto I33 como I34 ofrecen pruebas arqueológicas de que se integraron con las cazoletas ya grabadas. En la primera porque el menhir está decorado hasta su fosa de cimentación, y en la segunda porque aparece de canto incrustado en el momento de la construcción y parte de las cazoletas están tapadas. I33 además de cazoletas presenta un triángulo, temática que se viene asociando a identificaciones de carácter femenino. I34 conserva una línea horizontal que relacionamos con un cinturón o algún otro elemento de vestimenta.

Fig. 34. *Dolmen de Soto, Huelva. Menhires I30, I31, y C 16 . Fotos R. de Balbín.*

Los temas circulares parecen el motivo más repetido en estos soportes reciclados. Ya Obermaier describió el círculo grabado con línea interior de la cubierta 20, que tiene una excelente referencia arqueológica pintada en la fase antigua de ocupación del dolmen 3 del Pozuelo. La pintura roja que también se aprecia en la cubierta de Soto, confirma que ambas técnicas formaron parte de los soportes reciclados en el megalito y, por tanto, que son anteriores o contemporáneos a 3600 a. C.

Los soportes fosilíferos concentran la mayor cantidad de temas circulares horadados de carácter natural, conformando con el resto de los menhires un espacio de luces y sombras, con temáticas consideradas astrales, diferenciado en temática, selección de piezas y altura del resto del sepulcro.

Estelas megalíticas

Se denominan de este modo los soportes que reproducen imágenes humanas mediante la zona superior delimitada en semicírculo o recta como producto de un trabajo artificial, y a veces entalladuras mesiales para marcar la cintura.

En el conjunto del arte megalítico europeo son relativamente abundantes en los dólmenes bretones donde, por tradición, se han estudiado con mayor detalle. Buena parte de ellas son piezas recicladas de usos anteriores.

En Soto el hallazgo más novedoso es la inédita lectura del soporte I22 como la parte superior fracturada de antiguo de la losa frontal de la cámara. Esta losa está en su lugar original (ver figura 11). Desde el inicio de nuestro trabajo fuimos conscientes de que su tamaño, anchura y grosor sobrepasa los habituales en soportes de corredor, siendo más propio de frontales de cámaras. La rotura de la losa del frontal es semejante a la del soporte I22, y la posición de las cubiertas en esta parte del corredor asegura que se trata de una fragmentación antigua. Montando uno sobre otra, se observa que falta una parte de materia en la losa del frontal, que quizás pueda explicarse en las intervenciones recientes que menciona Armando de Soto o en los intentos de ajuste de la intervención de Felix Hernández para incorporar una techumbre de hormigón. Ambas partes conjuntan una gran estela de casi 6m de altura. Esta estaba *in situ* en el momento de la construcción del monumento, se fragmentó mediante golpes contundentes lo que incluyó también la fragmentación del grabado de su parte superior izquierda, y se recuperó su porción superior para usarla como ortostato I22. Hemos propuesto interpretar la losa frontal como una Estela Fundadora. Ella es la clave arquitectónica del monumento, su primera piedra.

Fig. 35.
Propuesta de reconstrucción de la Estela Fundadora. A la derecha parte superior fragmentada incluida como soporte I22; abajo, losa frontal en su fosa origina. Fotos R. de Balbín et al. Bueno et al., 2018, 155.

La posición de I22 ofrece otro argumento importante para la lectura de la construcción del monumento, pues al menos hasta ese punto, se construyó a la vez, incluyendo en su recorrido tanto los grandes menhires de la cámara como los soportes fragmentados y algunas de las estelas de las que vamos a hablar. Si hubo más de una fase constructiva, la más antigua se realizó con la totalidad de las diversas versiones de soportes que caracterizan la totalidad del monumento.

Obermaier describe las huellas de pulimento de la gran losa frontal. Agrupadas en series oblicuas se caracterizan por abrasiones que al interior contienen líneas incisas repetidas. Estas huellas de trabajos de pulimento se señalaron también desde las primeras documentaciones de la losa frontal de Menga lo que coincide con diversos casos en que los megalitos explicitan el valor de trabajos cotidianos como parte de sus discursos gráficos. Por ejemplo, la reutilización de soportes que previamente fueron molinos, o de soportes usados para pulimentar, como la estela de la entrada del hipogeo 7016 de la Orden-Seminario (Martínez Sevilla y Linares Catela, 2023).

En el mismo lateral, un rectángulo de lados redondeados en piqueteado ancho y continuo está fragmentado por los golpes superiores de la estela. No puede interpretarse como un "barco", pues lo

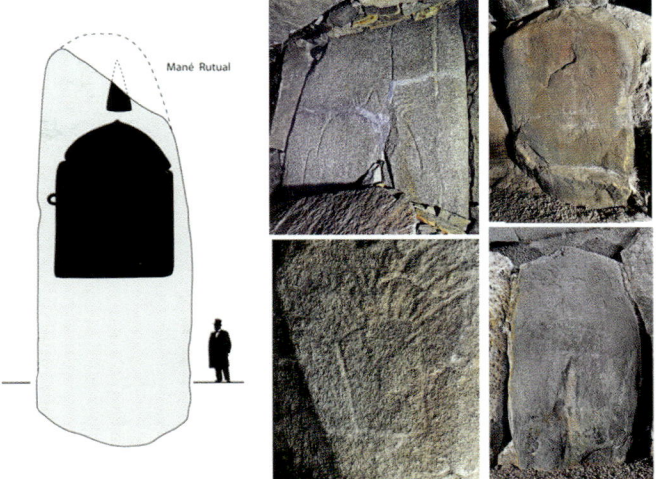

que hoy se ve es solo una parte de lo que fue esta imagen, probablemente una forma rectangular como algunas de las documentadas en los soportes de Los Gabrieles y en monumentos bretones. En su lateral norte, profundas incisiones que Obermaier interpretó como imágenes femeninas y masculinas resultan los grabados más visibles en el soporte.

La formalización de las que hemos identificado como estelas bretonas es única hasta el momento en los sitios ibéricos, y resulta coherente con parte de las iconografías de las decoraciones de los dólmenes de Los Gabrieles (Bueno *et al.* 2013a). Algunas temáticas del dolmen de Soto refuerzan las conectividades atlánticas, como la forma trapezoidal acompañadas de líneas cortas y paralelas sobre el soporte I19, o las similares imágenes de I11 y DP2.

Como las de los megalitos del noroeste francés, presentan una zona superior redondeada de superficie voluminosa, en la que destaca un pequeño apéndice central. En ocasiones se explicita el adelgazamiento de la cintura. I30 reproduce estos formatos, siendo D20 un ejemplo especialmente destacado que, además de grabado, conserva una cantidad importante de pintura roja que se mezcló con carbón vegetal (Bueno *et al.* 2018,139).

Fig. 36. *Reconstrucción de la estela reutilizada de Mané Rutual, según Cassen 2007. A la derecha, arriba, estela reutilizada en el suelo de la cámara del dolmen de Petit Mont, Bretaña; estela D20, dolmen de Soto, Huelva. Abajo, soporte reutilizado como cubierta en Barnenez cámara J; estela I 30, dolmen de Soto, Huelva. Fotos R. de Balbín.*

Su posición en la cámara y en la primera parte del corredor, suma argumentos a la hipótesis que hemos mencionado para los dos fragmentos de la estela fundacional, de que toda esta sección del megalito fue el resultado de una obra conjunta.

La estela-menhir colocada en posición contraria a la original, es una constatación más del papel de piezas recicladas. Cejas, nariz, ojos y un seno en relieve estaban cubiertas por el nivel del suelo, autentificando esta reutilización que es la primera identificada arqueológicamente en un megalito europeo.

Obermaier la relacionó con las estelas del sureste de Francia, criterio confirmado en otros megalitos andaluces (Bueno *et al.* 2013a). Con la parte superior recta, los laterales tallados para marcar la cintura, la estela presentaba un cinturón. Se redecoró (grabado y pintura roja) en la posición que mantiene en la actualidad con otra representación humana de cara trapezoidal muy erosionada, y un hacha enmangada a su derecha, como las que aparecen sobre soportes megalíticos en la Bretaña francesa. Con posterioridad

Fig. 37. *Estela menhir I31 en su fosa y detalle de la zona superior. Fotos R. de Balbín.*

se grabó con incisión profunda el antropomorfo esquemático más visible. También hay grabados incisos difíciles de observar que podrían responder a fases posteriores y que están aún en estudio.

Los soportes del corredor muestran una característica que los unifica y a la par los singulariza respecto a la mayoría de los soportes megalíticos que conocemos en otros sepulcros. Nos referimos a las bases apuntadas de algunos mediante un apéndice o mediante un estrechamiento. Este modo de implantación se ha relacionado con estelas, y tiene datos en monumentos onubenses y del Algarve, como hemos explicado más arriba.

En ocasiones, además del apuntamiento muestran superficies igualadas, cabezas semicirculares, zonas medias marcadas por el estrechamiento de la cintura y el volumen de las piernas en su parte inferior, que puede llegar a delimitarse con una línea vertical. Estas piezas tienen tratamiento escultórico y normalmente han sido cortadas en la zona inferior para incluirse en sus fosas, por tanto son piezas recicladas. Los ejemplos se distribuyen en el corredor, aunque hay piezas de la cubierta que permiten sospechar su uso también en esta parte de la construcción.

El soporte estatuario procedente del dolmen de Pozuelo 6 (Bueno *et al.* 2005) fija el uso de auténticas esculturas en megalitos onubenses con una caracterización propia. (ver figura 13). Por ese motivo las hemos denominado estelas tipo Pozuelo. Ello no obsta a que se detecten en otros sitios, pero sí define un hecho inédito hasta estas documentaciones al confirmar que representaciones humanas escultóricas estaban en vigor en la primera parte del IV milenio a. C., reutilizadas en megalitos (Bueno *et al.* 2005, Bueno *et al.* 2018, 221-231).

D4, D8, D9, D10, D13, D15, D16, I6, I7, I8, I10, I11, I12I,14, I26, son algunos de los casos que confirman el protagonismo de estas versiones escultóricas, a veces con formatos llamativamente estrechos y bien trabajados en su totalidad. Destacaremos por su buena factura, el soporte I20 que se fragmentó en la zona superior e inferior para incluirlo en el megalito, siendo evidente el trabajo escultórico de su parte inferior que alcanza su fosa de cimentación. La altura de las mortajas en posición de cuclillas teniendo en cuenta el suelo original, cubriría los puñales en el caso de I25 o de I20, revelando una simbiosis entre la decoración de los soportes y las personas enterradas inédita en los registros megalíticos europeos.

No conocemos un monumento en el que las estelas tengan tan destacado papel, ni ninguno en que la trayectoria de soportes escultóricos sea tan constante, lo que añade evidencias de la singularidad del dolmen de Soto. El soporte D16 (ver figura 19) fue retallado con una cabeza semicircular, cintura marcada, fino cinturón y dos armas pulimentadas, la más pequeña un puñal con pomo circular, y la más larga, una espada con los detalles de su empuñadura que la definen tipológicamente como una espada tipo Ría de Huelva (Barroso *et al.* 2021, Bueno *et al.* 2018, 212).

Fragmentos decorados reutilizados

En la fase antigua del sepulcro se añaden fragmentaciones intencionadas como material constructivo. Especialmente evidentes en I23, I24 y D24, fueron una de las justificaciones para acusar a Obermaier de haber contribuido a un "falso histórico". Por el contrario, la información sobre el arte megalítico en la fachada atlántica dispone de evidencias de reciclados de piezas fragmentadas, algunos en monumentos tan destacados como Knowth en Irlanda, o Gavrinis en Francia, documentadas desde los años 80 del pasado siglo. La parte inferior de estos fragmentos estaba incluida en sus fosas correspondientes, confirmando la complejidad y extensión en el megalitismo europeo, de retomas de piezas con valor de pasado en la construcción de los megalitos.

Ofrecen además una valiosa documentación iconográfica y datos de cronología relativa para comprender la variedad de conectividades de quienes construyeron el dolmen de Soto. Los tres casos más explícitos se ubican, como hemos dicho, en la parte más antigua del monumento, resultado de los procesos de construcción que supusieron la fragmentación de la gran estela fundadora y el reposicionamiento de una de sus partes como soporte I22.

D24 reúne dos fragmentos, el superior con grandes golpes y pequeños fragmentos para ajustarlo y
el inferior, apuntado; ambos recortados en su lateral izquierdo. La reutilización informa de un nivel de
fragmentación intenso por lo que no es descartable
que, como sucede en Bretaña, otros fragmentos de
la misma pieza se hubiesen trasladado a otros monumentos. Una fase de grabados entre los que se
identifica un sol bajo el puñal antropomorfizado de
la zona superior se sigue de otra fase de grabados
con el citado puñal, y el extremo inferior de otro
que, de nuevo, como en I20, parece asociarse al enterramiento de la madre y el niño que estaba apo-
yado en esta zona del soporte. Una fase continua de
pintura roja alcanza la rotura del lateral superior izquierdo, y sobre ella una escena de varios individuos
unidos por los brazos, uno mayor que los demás.
Todos se hicieron de una sola vez en piqueteado,
reproduciendo una escena de agrupación clásica en
los sitios al aire libre con arte esquemático, quizás

Fig. 38.
Dolmen de Soto,
Huelva. Vista
total y detalle
del fragmento
superior de
D24 Foto R. de
Balbín.

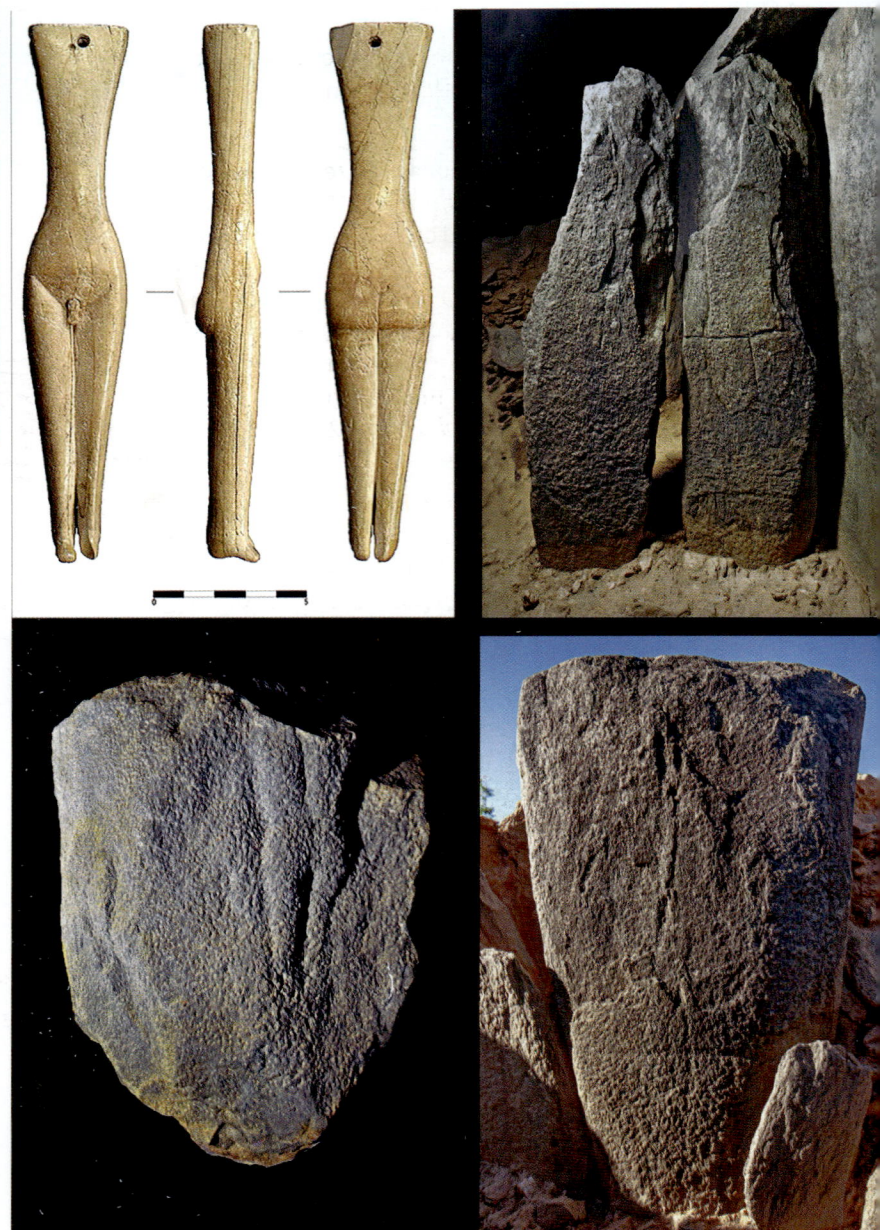

Fig. 39. *Arriba figurita antropomorfa del Malagón. Arribas, 1975. Estela reutilizada con antropomorfo esculpido, dolmen del Pozuelo 4.; estela reutilizada con torso grabado y línea de la cadera, dolmen del Pozuelo 4; Torso del fragmento inferior de I23. Fotos R. de Balbín.*

una imagen de agrupación familiar que encaja con la supuesta relación entre la madre y el niño enterrados a sus pies.

I23 e I24 muestran imágenes en relieve semejantes a las versiones estatuarias tipo Pozuelo, que hemos descrito más arriba. Su codificación, especialmente la del fragmento de torso de la parte inferior de I23 reproduce recursos de las figuritas portátiles del ámbito del Guadiana denominadas ídolos antropomorfos, abriendo una vía novedosa de estudio para las versiones parietales más antiguas de estas representaciones (Bueno *et al.* 2018, 225, 2024).

Caras y cabezas delimitadas

El relieve de cejas y nariz de la estela-menhir I21 caracteriza una temática ampliamente extendida en el arte esquemático y en representaciones estatuarias ibéricas, además de en buena parte de las del Sureste europeo. La actualización de la documentación gráfica del dolmen de Soto añade una imagen incisa en D13 en una pieza que se retalló *in situ*, con cabeza redondeada de carácter escultórico y hombros marcados. Estos procesos de retalla se repiten en D10 y D16, el soporte que acoge en su fase de reutilización del Bronce, un individuo armado con una espada del Bronce Final.

La cara rectangular redondeada de la zona superior de I21, se suma a algunas caras delimitadas con esta forma o con formas más triangulares en los soportes D11 e I3.

Los ojos en relieve de I21 no aparecen en ningún otro soporte, pero sí ojos circulares que se integran en las versiones oculadas documentadas en el arte esquemático. Los círculos concéntricos dobles de D9 están muy deteriorados al haber estado cubiertos por el hormigón de las intervenciones arquitectónicas. Con seguridad este soporte fue colocado antes de la jamba DP2. Ofrece otra evidencia de huellas de pulido como las del frontal de la cámara y confirma además que la fase antigua estuvo acompañada de pintura roja. Los dos ojos asociados a un "adorno" triangular de I16 añaden una iconografía que podemos sospechar también en el soporte I7.

Vestimenta

En el conjunto del arte megalítico ibérico los diseños geométricos en series repetidas horizontal o verticalmente se relacionan con vestimentas de túnicas hasta los pies. Esa información se refuerza con las imágenes portátiles que en las mismas cronologías revelan el uso de vestimentas para la muerte, como parecen indicar también los enterramientos de las mujeres de Montelirio. En el dolmen de Soto estas vestimentas pueden reconstruirse con los restos pictóricos de algunos soportes, el mejor conservado en ese sentido. I26.

En Montelirio algunas de las vestimentas que portaban las mujeres son cortas y estuvieron compuestas por una parte superior, o camisola y un faldellín inferior. El personaje fragmentado de I23 podría sugerir su desnudez en el torso mediante la indicación de la musculatura, de un modo muy próximo al de algunas figuritas de Ídolos antropomorfos, y, posiblemente, el uso de pantalones en la zona inferior. Todo ello sin descartar que posibles indicaciones pintadas que no se conservan pudiesen ofrecer datos más concretos.

Cinturones sencillos, de una sola línea, se perciben en algunos de los soportes, siendo el más conocido el cinturón doble de la estela-menhir I 21.

Objetos y armas

Las representaciones de hachas protagonizan las decoraciones de los megalitos atlánticos. En Soto, las hachas enmangadas de I21, I22 e I26, son las mejor definidas. Su grabado muestra mangos de madera que no tienen documentación arqueológica más que en escasas ocasiones, debido a la dificultad de conservación de la materia orgánica. Estas hachas se conocen también en soportes de otros megalitos andaluces, especialmente en los dólmenes de Alberite 1 y 2, donde están acompañadas de báculos y se asocian con ocupaciones del IV mileno a. C. El soporte I18 está fragmentado en todos sus márgenes. Se trata de una pieza con huellas notables de trabajo de abrasión, como las que hemos señalado

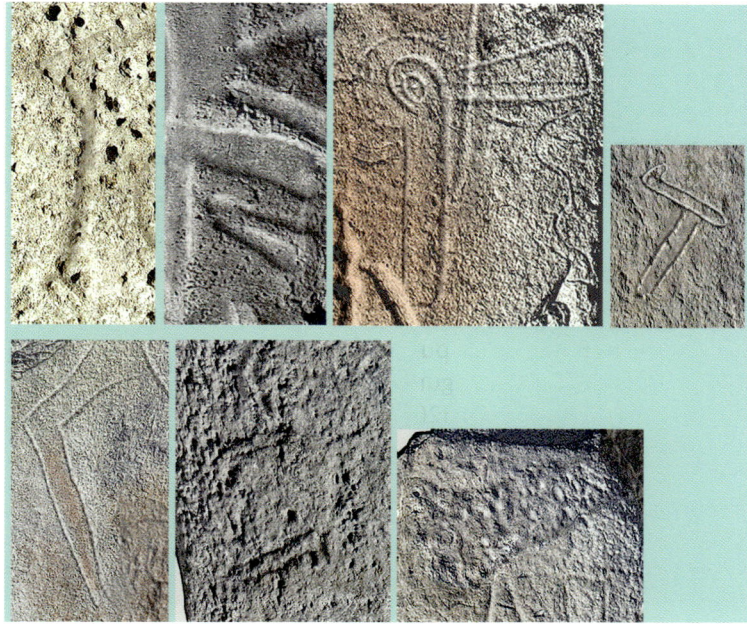

Fig. 40. *Dolmen de Soto, Huelva. Hachas grabadas sobre los soportes: I29, I18, I21, I22; abajo, I26, D20, I26.*

en la losa del frontal, pero aquí se acompañan de representaciones incisas al interior de hojas de hacha, una de ellas enmangada, y de puñales. Las hachitas en relieve sobre el soporte D29 y la forma excisa en D26 son tipologías más recientes. En contexto megalítico, el hacha plana de cobre de la Zarcita es un buen ejemplo.

Los objetos más conocidos en el dolmen de Soto son los puñales. Pero no todos son iguales, ni probablemente todos sean metálicos (Barroso *et al.* 2021; Bueno *et al*. 2018, 185). Parte de ellos repasan temas antropomorfos más antiguos en el D18, D24, I20, I26. Sus marcados hombros rectos y su carencia de filo o nervaduras apuntan a que se trata de piezas enmangadas, lo que explica el engrosamiento de alguno de ellos, I25, a modo de contera. El detalle se centra en los mangos, algunos en forma de creciente como el de marfil de Montelirio que servía para una hoja de cristal de roca o el de una alabarda de sílex del mismo lugar. Recordaremos que Obermaier describe en el ajuar de la mujer y el niño al pié de D120, un puñal de piedra pulida, muy sugerente para inte-

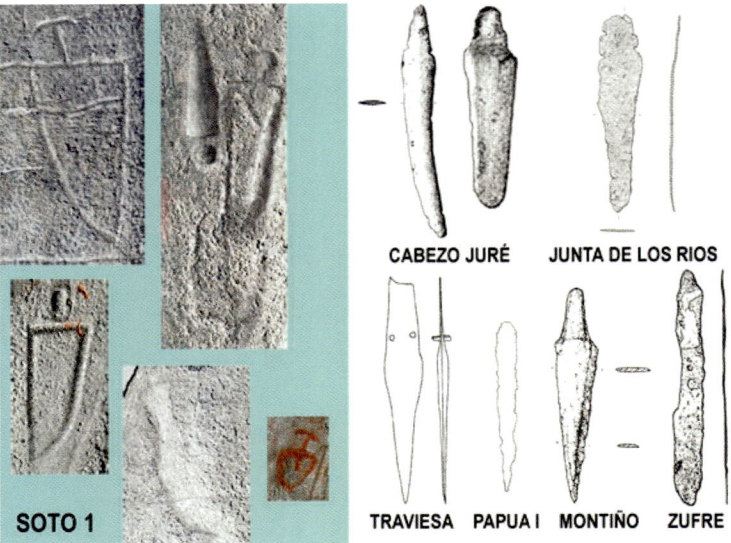

Fig. 41. *A la izquierda, representaciones de puñales metálicos en el dolmen de Soto; a la derecha, piezas arqueológicas de la provincia de Huelva referencias en Bueno et al., 2018, 187.*

grarlo en el conjunto de piezas de las que estamos hablando, dentro del IV milenio a. C. En ese ámbito se han interpretado los llamados *objets* en el caso de las estatuas menhir del Sur de Francia, puñales en hueso o en piedra que se muestran en su funda en la zona delantera de esta estatuaria antropomorfa.

Otros puñales presentan tipologías reconocibles en la metalurgia del III milenio, lo que incluye uno pintado sobre el soporte D18, que reproduce la medida de los puñalitos tipo Ciempozuelos, 5cm. Este tipo de metalurgia es bien conocido en contextos arqueológicos onubenses, conjuntando un inventario que, sumado al de los puñales grabados en el dolmen de Soto, es uno de los inventarios mayores de la Península Ibérica (Barroso, 2024).

Algunos más alargados, también en D18, recuerdan al de Peña Tú. Tanto en D18 como en D2 donde también aparece, han sido parcialmente borrados. En el segundo para sobreponerle un puñal con pomo. En el primero, un puñal de espigo.

Estas espadas deben situarse en la Edad del Bronce, manifestando el uso de una tipología que

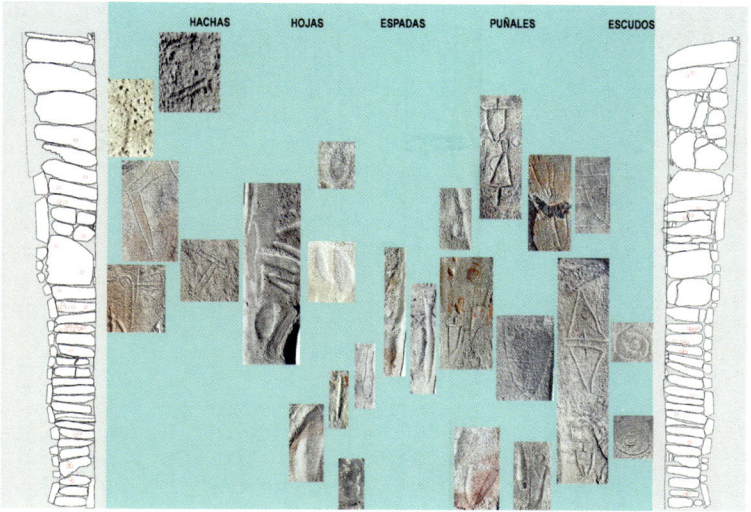

Fig. 42. *Dolmen de Soto, Huelva, Armas, objetos y posición en los soportes del monumento.*

hasta hace poco tiempo no tenía buenas referencias materiales. Su documentación reciente en hipogeos del Algarve confirma cronologías de la mitad del III milenio a. C.

La espada de lengua de carpa de D16 con su pomo en forma de pez y arranque anguloso de las guardas, se asimila a las formas del depósito Ría de Huelva, para la que la fecha de 1.100 a. C. obtenida en el exterior del sepulcro, ofrece una referencia inédita para establecer su cronología.

Otro conjunto de piezas es más difícil de clasificar. Se delimitan mediante abrasiones como hojas y láminas de piezas apuntadas; en ocasiones son puñales (D9), puntas de lanza o jabalina (I27). Pueden servir como referencia el repertorio de puntas Palmela, las múltiples versiones entre el calcolítico y el bronce o las puntas de jabalina del depósito del dolmen de La Pastora, todas ellas en Andalucía.

Representaciones de género

No es fácil delimitar qué representaciones en piedra pretenden trasladar imágenes femeninas o imágenes masculinas. Si seguimos la pauta de que las figuritas portátiles mantienen el triángulo púbico de las paleolíticas para la identificación de mujeres, podíamos señalar el menhir 131 como una representación femenina.

También se ha propuesto que los ojos soles o los oculados en general, serían imágenes femeninas. En el caso de Soto la estela-menhir que conserva uno de sus senos corroboraría esta hipótesis. De ser así, habría que añadir los soportes D13, D9 e 116 como femeninos.

En las representaciones estatuarias europeas, la masculinidad se ha venido asociando a objetos y armas, pero las investigaciones recientes relativizan estas adscripciones. La hipótesis más plausible es que hombres, mujeres, niñas y niños se representen de manera similar, estableciéndose la diferencia en el tamaño de las piezas, un argumento que en Soto no podemos aplicar porque los soportes están previamente fragmentados para integrarse en el monumento.

Suele aceptarse que vasijas campaniformes de pequeño tamaño serían parte de ajuares de niños. En ese sentido es revelador el pequeño puñal en piedra oscura que Obermaier describe y dibuja en el enterramiento de la madre y el niño bajo D24, asegurando que el tamaño de los objetos puede relacionarse con la edad de los enterrados.

La cantidad de objetos en cada soporte asociado a enterramientos sobrepasa los números más comunes en las tumbas, alertando de una sobrerrepresentación de elementos de prestigio que solo se da en enterramientos muy destacados. Un aspecto que pudo representarse simbólicamente mediante estos despliegues, en ocasiones renovados con armas tipológicamente más modernas. Pero no podemos asegurar que estos casos de sobrerrepresentación se asocien a varones o a mujeres.

Los *ídolos antropomorfos* (Bueno y Soler, 2021) con los que hemos relacionado 122, no presentan una identificación determinada, Y aunque está comprobado que en este conjunto portátil proliferan representaciones masculinas, las hay también femeninas.

Las únicas dos piezas portátiles del dolmen de Soto se han documentado al exterior del dolmen. La estelita tallada recuerda perfiles de ortostatos de los dólmenes de Huelva. La pieza en hueso largo está recortada de un ejemplar mayor y ha sido decorada con pintura y temas de oculados interpretados como imágenes femeninas en el conjunto de piezas denominadas Idolos sobre huesos largo..

Huesos largos recortados acompañan el depósito de cilindros de la Orden-Seminario (Bueno *et al.* 2024; Vera *et al.* 2010), conectando las producciones simbólicas de estos dos lugares de la Tierra Llana de Huelva con ocupaciones contemporáneas al menos entre finales del IV y a lo largo del III milenio a. C. La dispersión que conocemos de este tipo de piezas adjudicadas al levante peninsular como su posible foco de origen (Bueno y Soler, 2023), las sitúa en el Guadiana, como buena parte de los llamados los ídolos antropomorfos, sumando un elemento identitario para relacionar a quienes se enterraron en Soto con quienes habitaban en el entorno de Pijotilla-Perdigôes (Bueno *et al.* 2024).

10.

El dolmen de Soto en el siglo XXI

Maestrías, conectividades, iconografías, personas, y tiempos largos

Desde la publicación de Obermaier la arquitectura del dolmen de Soto se revelaba como una construcción sin parangón en el suroccidente ibérico, una posición que con los datos actualizados se acentúa. Los grupos humanos que construyeron y mantuvieron el monumento tenían el conocimiento geológico de un amplio territorio, el del uso de maderas versátiles para los desplazamientos de los soportes y los apoyos de la construcción, el de la mecánica de las piedras seleccionadas para usar su equilibrio como sistema de sustentación, su ubicación en el interior y el exterior como estrategias de procedencia e identificación, el del trabajo del barro y su empleo como elemento constructivo, conformando un cúmulo de conocimientos muy depurados que se suman a otros.

Especialmente el manejo de la luz para delimitar y destacar espacios preferentes, de la orientación a fenómenos astrales relacionados con el sol y, por tanto, con el tiempo circular de las culturas agropecuarias. Su concepto del espacio se asocia a una maestría excepcional del juego de volúmenes y de selección de soportes con claroscuros naturales para generar espacios cuya penumbra impresionaría contribuyendo a los relatos míticos, de origen o de linaje que se exhibían en la decoración de sus paredes.

Las arquitecturas y cronologías de Soto, Alberite y Menga aseguran un fuerte componente identitario en el sur peninsular de raíces neolíticas, visible en la incorporación de estelas y menhires más antiguos. En Soto y Alberite la selección de piezas es más individualizada mientras que en Menga, son soportes destacadamente bien medidos y ajustados.

Quienes levantaron dólmenes en el Bajo Guadiana conocían las arquitecturas de la depresión de Antequera y viceversa. Los túmulos "gemelos" de Menga y Viera tienen una referencia clara en los de los dólmenes de Pozuelo 3 y 4, en Huelva. En los onubenses, las estelas escultóricas apuntan a identificaciones de grupos quizás de procedencias o linajes diferentes, como se desprende también de la presencia de placas decoradas y bitriangulares (Bueno y Soler, 2024), mientras que Menga y Viera presentan grandes estelas recortadas de usos previos, en formatos muy similares que podrían describirse como muy estandarizados. También conocían los alineamientos y cromlechs, además de las versiones estatuarias que en toda Europa se realizaron a la par que los megalitos

Una cierta idea de que todos los contenedores no se usaron de manera similar, aunque coincidan en planta, se añade a que sitios como Soto albergan una elaborada estatuaria en piedra que no es común en esa proporción y singularidad en otros sepulcros. Agregaciones de personas de distintos lugares de un amplio territorio entre el Guadiana y el Guadalquivir, como pudo ser Soto y enterramientos más familiares en las necrópolis de El Pozuelo, Los Gabrieles y otras, proponen diferencias en los rituales y significados de arquitecturas que compartieron los mismos tiempos.

La conectividad que se observa en ajuares de materias traídas de sitios lejanos nunca se había leído a partir de las iconografías de los soportes decorados, como proponemos. Conectividades bretonas, del ámbito subalpino y continental reúnen materialidades y pensamiento simbólico en una rica dinámica de la que aún queda mucho por estudiar (Bueno *et al.* 2024).

El dolmen de Soto. Secuencia de edificios, secuencia de estelas, secuencia de decoraciones.

Hay dos aspectos muy reveladores de las normas no escritas que pervivieron en el uso del monumento durante dos milenios. Que el espacio de la cámara se respetó, ubicando solo dos enterramientos en un sector siempre preferente en el uso de los megalitos; y que las estelas del corredor fueron resignificadas en más de una ocasión desde su reutilización en la construcción. Sobre ellas se "escribieron" las distintas historias orales que probablemente identificaban personajes o linajes a los que se asociaron en el III milenio a. C., enterramientos realizados en un momento de estrés social, buscando reivindicar pasado para justificar su posición entre los grupos metalúrgicos a partir de su ancestría neolítica.

La cámara y parte de las cubiertas incorporaron menhires con trayectorias anteriores que marcan la altura máxima del espacio central para la recepción de cadáveres y su temática preferente de carácter astral en la que temas circulares naturales y artificiales son protagonistas. Su procedencia de un crómlech previo documentada arqueológicamente justifica una parte de la procedencia de estas piezas. Pero no podemos atribuir a éste todos los menhires previos, algunos de los cuales, como el de granito D31 vienen de áreas relativamente alejadas. Ni tampoco la gran Estela Fundadora uno de cuyos fragmentos es el soporte I22.

La reunión de geología y procedencias diferentes junto con conectividades a media, corta y larga distancia, suma paisajes diversos y probablemente personas de orígenes distintos que exhiben en el dolmen de Soto una memoria común (Bueno *et al.* 2024).

Una secuencia de edificios megalíticos, crómlech-dolmen como la que conocemos en otros grandes sitios decorados, reposiciona Soto en el estudio de megalitos decorados del IV milenio a. C., en Europa. Todo ellos son el resultado de construcciones con una fase previa, de la que restan las grandes estelas y menhires reutilizadas en estos sepulcros como testigos de una antigüedad mayor (Laporte y Bueno, 2022).

Esta secuencia crómlech-dolmen está documentada en grandes megalitos europeos. New Grange, en Irlanda, es un buen ejemplo, pues en la construcción se usaron piezas decoradas recicladas. En Huelva, el círculo de menhires bajo el dolmen de Llano de la Belleza sirvió como "cantera" para su construcción, pues algunos de los menhires con cazoletas fueron utilizados con ese fin en el monumento megalítico. Los megalitos onubenses se erigen en un núcleo clave para el estudio de estas antiguas fases y esperamos que la investigación en el sitio megalítico de La Janera (Linares *et al.*, 2022), sume datos en esa dirección.

El espacio recreado con los viejos menhires en el dolmen de Soto no conserva ninguna delimitación física respecto al resto del monumento, pero sin duda tuvo prescripciones de uso que fijaron en piedra las historias más antiguas a las que se vinculaban quienes lo construyeron, sobre sus posibles orígenes y sus referencias mitológicas.

El orden con el que se usaron y señalaron los escenarios funerarios del dolmen y la abrumadora presencia cuantitativa de representaciones humanas, aseguran que Soto es un megalito singular en el contexto del sur de Europa. La secuencia de hachas en las estelas más antiguas y puñales en piedra primero y en metal algo después, tiene referencias en sitios al aire libre del resto de Europa, casi siempre en lugares donde las estatuas y estelas presentan un destacado protagonismo.

Las estatuas en el megalitismo onubense se han multiplicado desde nuestra identificación de la pieza de Pozuelo 6, conjuntando un destacado núcleo de producciones escultóricas. Sin que en el estado actual de nuestro conocimiento podamos ir más allá, las mayores concentraciones estatuarias en la prehistoria reciente europea suelen coincidir en territorios con capacidades extractivas.

Las abundantes estelas de la zona central del monumento conservan restos de trabajo de recortes superiores, inferiores y laterales para su inclusión en la construcción, además de repintados y regrabados sobre sus superficies, asegurando una secuencia de resignificaciones de los mismos soportes a lo largo de milenios. La intensificación de estos procesos a mitad del III milenio cal BC tiene otro punto de actividad en el II milenio a. C., una cronología sin parangón para este tipo de actividades en megalitos europeos.

El esfuerzo de recreación de personajes estatuarios se basa en técnicas y procedimientos de larga tradición en el mismo monumento, destacando el intenso uso del pulimento y la abrasión desde la fase más antigua en la losa del frontal hasta los grabados de puñales y espadas del bronce final. Sin duda, ésta es una especialidad técnica en el dolmen de Soto, que expresa su protagonismo entre los grupos que construyeron y mantuvieron el sepulcro prácticamente 2000 años. Su nivel de maestría aún impresiona al ofrecer en las armas de bronce final un brillo que busca el metálico de las piezas materiales que copian. En su totalidad —todas las armas representadas—, conjunta un depósito nunca conocido en contextos arqueológicos, que reunió los conocimientos técnicos y tipológicos de varias generaciones en un mismo lugar.

Memorias en piedra del IV al II milenio a. C. Un "paisaje megalítico" enterrado que reúne el pasado ancestral de menhires con representaciones estatuarias "vivas"

Los menhires, estelas-menhir y estelas escultóricas con los que se construyó el dolmen de Soto conjuntan una cantidad excepcional de representaciones humanas en piedra que reproducen personajes diferenciados en un número y variedad hasta ahora no comprobada en ningún otro megalito europeo. La volumetría y los espacios interiores asocian las grandes estelas y menhires al fondo de la cámara y como parte de las cubiertas, ocupando las áreas más destacadas en todas las arquitecturas megalíticas. La cámara para los enterramientos principales y las cubiertas para sepultar y cubrir todo el conjunto.

La fragmentación de la losa de cabecera, y su uso como soporte I22, ofrece un argumento inédito para integrar dentro de la fase constructiva más antigua, al menos hasta la posición de este soporte, lo que incluye los fragmentos decorados reciclados en D24, I,22, I23, la estela-menhir I21 y algunas de las piezas escultóricas en cronologías neolíticas, anteriores o contemporáneas a 3.600 a. C.

El orden decreciente destaca el contacto entre cámara y corredor con la disposición de las estelas reutilizadas que hemos llamado tipo Pozuelo. Estas protagonizan imágenes humanas escultóricas resignificadas en más de una ocasión, mediante la exhibición de objetos singulares datables entre el IV y el II milenio a. C, siendo la mitad del III milenio a. C. la fase de uso que acumula mayor cantidad de armas grabadas.

Las fechas C14 de mitad del III milenio a. C. del interior del monumento son compatibles con un uso intenso también al exterior. La retoma de estelas con armas en el II milenio tiene una fecha C14 en los depósitos rituales externos, hacia el 1100 a. C., añadiendo una referencia única en los megalitos europeos. Algunas de las estelas acumulan cantidades mayores de armas que las que se suelen adjudicar a enterramientos individuales. En ese sentido reproducen fórmulas conocidas en exhibiciones de objetos metálicos en rocas al aire libre, en Galicia, o en sitios de los Alpes, los más conocidos, los italianos, como ya hemos indicado.

Son pocos los lugares decorados al aire libre con armas de bronce final pero aún menos los dólmenes con este tipo de evidencias gráficas. Soto tan excepcional en las imágenes del IV al III milenio a. C., también lo es en la presencia de grabados de inicios del II milenio a. C.

Esta reunión de menhires y estelas de usos previos es de por sí un caso único pero aún lo es más que al interior del monumento se mantengan como piezas "vivas", actualizando y resignificando las antiguas imágenes para adaptarlas a los requerimientos

Fig. 43. *Resumen de las decoraciones que protagonizan los eventos decorativos de las distintas fases del monumento.*

sociales de los grupos metalúrgicos. De menhires y estelas a personajes escultóricos individualizados, Soto se compone como una galería de memorias humanas en piedra, activa a lo largo de sus dos milenios de uso.

Al principio de estas páginas hemos recogido algunos sitios en Europa en los que los movimientos de estelas entre alineamientos, crómlech y dólmenes son un hecho, mejor o peor comprobado según la antigüedad de sus documentaciones. Sus protagonistas son personajes en piedra con armas y objetos que tienen su mayor expresión gráfica a lo largo del III milenio a. C. Al aire libre se actualizan, remodelan y retoman en más de una ocasión. Pero cuando se reciclan en dólmenes no presentan actualizaciones de su decoración en lo que hasta el momento conocemos, sino que sus imágenes quedan congeladas en su nuevo receptáculo.

El dolmen de Soto es el único megalito europeo en el que se ha demostrado con una documentación de calidad, que las imágenes humanas que lo componen se comportan como las versiones al aire libre, manteniendo su "vida" mediante regrabados y repintados, a lo largo de más de dos milenios.

El mundo funerario oculto a la mayoría de la población dispone de símbolos muy extendidos en geografía y cronología. Todos los soportes y técnicas que lo reflejan, estelas, menhires, alineamientos, cromlechs, formaban parte de un paisaje fuertemente antropizado, acompañado de pinturas y grabados en abrigos y rocas. El estudio de los soportes del dolmen de Soto demuestra que la codificación territorial que definía usos y significados de estelas y menhires se entierra con los ancestros en estas grandes arquitecturas, que guardan para siempre referencias a los paisajes de los ancestros junto con sus restos (Bueno *et al.* 2024).

Quienes lo construyeron interactuaron con su galería de ancestros en piedra hasta su cierre en el Bronce Final. Con su clausura enterraron las imágenes de personajes singulares, sepultando huesos y piedras, tras haber recorrido juntos una trayectoria de milenios en los que el dolmen sirvió para fijar los relatos orales que acompañaron los cambios sociales del neolítico y la metalurgia en la prehistoria reciente de Europa (Bueno *et al.* 2024).

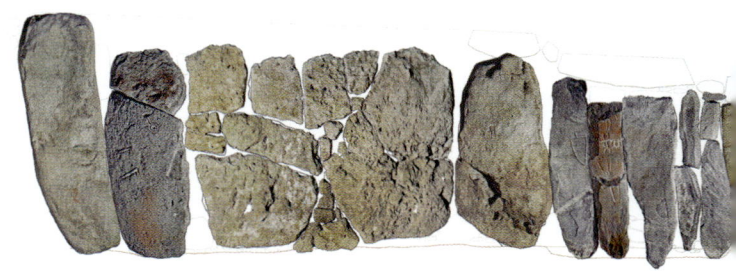

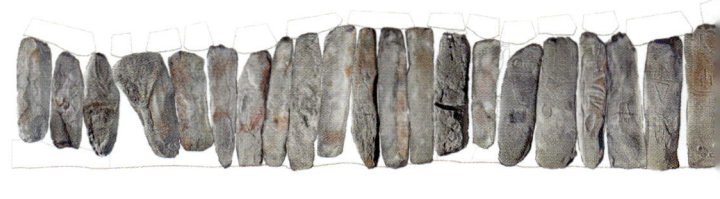

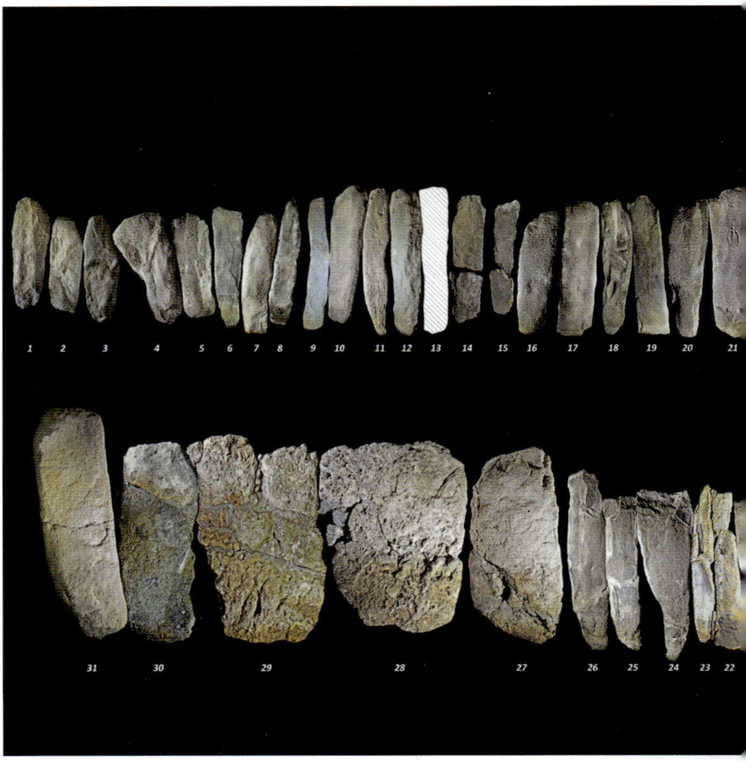
1 2 3 4 5 6 7 8 9 10 11 12 13 14 15 16 17 18 19 20 21
31 30 29 28 27 26 25 24 23 22

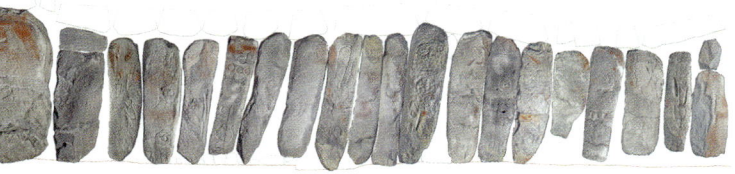

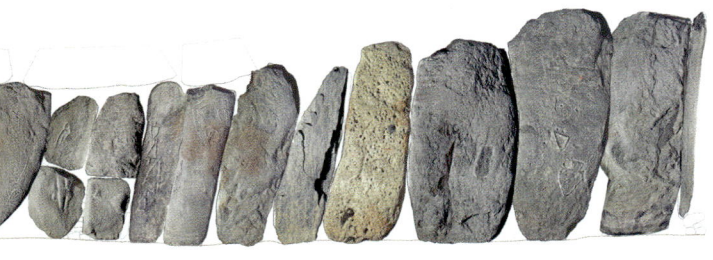

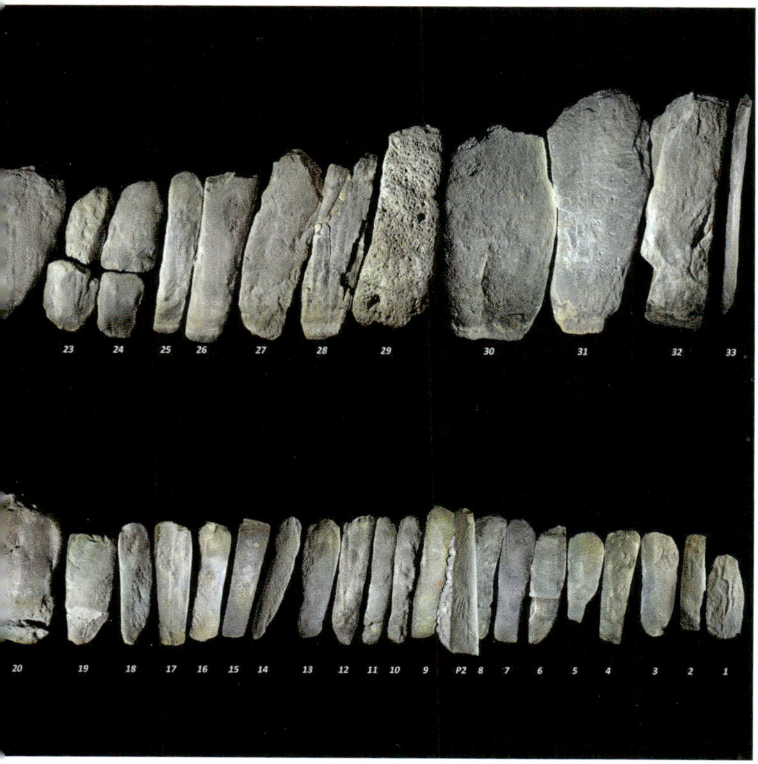
23 24 25 26 27 28 29 30 31 32 33
20 19 18 17 16 15 14 13 12 11 10 9 P2 8 7 6 5 4 3 2 1

11.

Informaciones Útiles

Cómo llegar:

El camino más accesible es el que sale de Trigueros, pues el acceso desde la carretera Huelva-Sevilla es impracticable.

Visita:

Hay que reservarla, bien sea guiada o libre, Para ello hay que enviar correo a:
oficinaturismotrigueros@gmail.com

Más Información y actividades:

Job Flores.
Responsable de Patrimonio y Turismo.
Ayto. de Trigueros.

Centro de recepción:

37°21'08"N 6°45'05"O / 37.352222222222, -6.7513888888889

Teléfono: 627 94 03 57

12.

Bibliografía

Algunas referencias bibliográficas

Esta selección prima los trabajos relacionados con el estudio del arte megalítico del sur de Iberia. En su mayor parte, los textos recogidos son accesibles en páginas de ciencia en abierto: academia.edu y researchgate.

Sobre Megalitismo

ARANDA JIMÉNEZ, G., LOZANO MEDINA, Á., CAMALICH MASSIEU, M. D., MARTÍN SOCAS, D., RODRÍGUEZ SANTOS, F. J., TRUJILLO MEDEROS, A. y CLOP GARCÍA, X. (2017). «La cronología radiocarbónica de las primeras manifestaciones megalíticas en el sureste de la Península Ibérica: las necrópolis de Las Churuletas, La Atalaya y Llano del Jautón (Purchena, Almería)». *Trabajos de Prehistoria*, 74 (2).

BARROSO BERMEJO, R. (2024). «Notas sobre la metalurgia calcolítica del suroeste». En P. Bueno Ramírez y J.A, Soler Díaz (eds.), *Ídolos. Miradas milenarias desde el extremo suroccidental de Europa*. Junta de Andalucía, pp. 223-242.

CARVALHO, A. F. (2024). «Autoctonismo. Influencias exteriores e o simbólico no complexo tumular das Caldas de Monchique». En P. Bueno Ramírez. y J.A Soler Díaz, J. A. (eds.), *Ídolos. Miradas milenarias en el extremo suroccidental de Europa.* Junta de Andalucía, pp. 142-159.

CERDÁN, C., LEISNER, G. y LEISNER, V. (1952). *Los sepulcros megalíticos de Huelva*. Informes y Memorias de la Comisaría de Excavaciones Arqueológicas, 26. Madrid: Ministerio de Educación Nacional.

HERBAUT, F. y QUERRE, G. (2004). « La parure néo-lithique en variscite dans le sud de l'Armorique», *Bulletin de la Société préhistorique française*, pp.497-520.

LAPORTE, L., y BUENO RAMÍREZ, P. (2016). «*A southern viewpoint*». En L. Laporte y C. Scarre,. (eds.), *The Megalithic Architectures of Europe*. Oxford: Oxbow Books, pp. 227-233.

LAPORTE, L. y BUENO RAMÍREZ. P. (2022). «On Atlantic shores: the origins of megaliths in Europe». *European Megaliths. Archaeopress*, pp.1173-1192.

LEISNER, G. y LEISNER, V. (1943). *Die Megalithgräber der Iberischen Halbinsel. Der Süden*. Römisch_Germanische Forschungen, vol. 17. Berlín: Walter de Gruyter & Co.

LINARES CATELA, J. A. (2010). «Análisis arquitectónico y territorial de los conjuntos megalíticos de Los Gabrieles (Valverde del Camino) y El Gallego-Hornueco (Berrocal El Madroño). El megalitismo en el Andévalo oriental», en *Actas del IV Encuentro de Arqueología de Suroeste Peninsular* (Pérez Macías, J. A. y Romero, E., eds.). Huelva: Universidad de Huelva, pp. 209-248.

LINARES CATELA, J. A. (2016). «The megalithic architecture of Huelva (Spain): typology, construction and technical traditions in eastern Andévalo». En L. Laporte y C. Scarre, (eds.), *The megalithic architectures of Europe*. Oxford: Oxbow Books, pp. 111-126.

LINARES-CATELA, J. A. (2022). «Radiocarbon chronology of dolmens in the Iberian Southwest: Architectural sequence and temporality in the El Pozuelo megalithic complex (Huelva, Spain) ». *Radiocarbon*, 64 (5), pp.989-1064.

LINARES-CATELA, J. A., MORA MOLINA, C., (2018). «El dolmen de Soto I, Huelva. Arqueología del monumento». En P. Bueno Ramírez, J. A Linares Catela, R. de Balbín Behrmann, R. Barroso Bermejo (eds): *Símbolos de la muerte en la Prehistoria Reciente del Sur de Europa. El dolmen de Soto, Huelva*, pp. 98-131.

LINARES-CATELA, J. A., MORA MOLINA, C., LÓPEZ LÓPEZ, A., DONAIRE ROMERO, T., VERA-RODRÍGUEZ, J. C. y BUENO RAMÍREZ, P. (2022). «El sitio megalítico de La Torre-La Janera (Huelva): monumentalidades prehistóricas del Bajo Guadiana». *Trabajos de Prehistoria*, 79 (1), pp.115-130.

MARTÍNEZ-SEVILLA, F. y LINARES-CATELA, J. A. (2024). «Life and Death of the Macrolithic Tools from the Third-millennium cal. BC Necropolis of La Orden-Seminario in Southwest Spain». *Cambridge Archaeological Journal*, 34 (1), pp. 83-110.

NOCETE, F., SÁEZ, R., BAYONA, M. R., PERAMO, A., INACIO, N. y ABRIL, D. (2011). «Direct chronometry (14C AMS) of the earliest copper metallurgy in the Guadalquivir Basin (Spain) during the Third millennium BC: first regional database». *Journal of Archaeological Science*, 38 (12), pp.3278-3295.

NUNES, T. y VALERA, A. C. (2020). «A necrópolis de hipogeus de Valle das Barrancas 1. Enquadramento, arquitecturas e contextos, Beja». En A. Valera y T. Nunes (eds.), *Vale das Barrancas 1. A necropole de hipogeus do neolítico (Mombeja, Beja).*

PIÑÓN, F. (2004). *El horizonte cultural megalítico en el área de Huelva*. Monografías Arqueología. Sevilla: Junta de Andalucía.

RAMOS, J. y GILES, F. (1996). *El Dolmen de Alberite (Villamartín).Aportaciones a las formas económicas y sociales de las comunidades neolíticas en el norte de Cádiz.* Cádiz: Universidad de Cádiz.

Sobre arte megalítico

ARMITAGE, R. A., BUENO-RAMÍREZ, P., BALBÍN BEHRMANN, R. de, MARTINEAU, R., CARRERA-RAMÍREZ, F., FAIRCHILD, T. y SOUTHON, J. (2020). «Charcoal-painted images from the French Neolithic Villevenard hypogea: an experimental protocol for radiocarbon dating of conserved and in situ carbon with consolidant contamination». *Archaeological and Anthropological Sciences*, 12, pp.1-16.

ARRIBAS PALAU, A. (1977). «El ídolo de "El Malagón" (Cúllar-Baza, Granada). Cuadernos de Prehistoria y Arqueología de la Universidad de Granada, 7, pp.63-86.

BALBÍN, R. de y BUENO RAMÍREZ, P. (1996). «Soto, un ejemplo de arte megalítico al suroeste de la Península». En A. Moure (ed.), *El hombre fósil, 80 años después*. Santander: Universidad de Cantabria, Servicio de Publicaciones, pp. 467-505.

BARROSO BERMEJO, R., BUENO RAMÍREZ, P. y BALBÍN BEHRMANN, R. de (2021). «Megaliths and weapon´s representations: a view of the birth of the Iberia warrior´s images». En A.Bettencourt, M. Santos-Estévez y H. Aluai Sampaio (eds), *Weapons and tools in Rock Art. A world perspective.* Oxford: Oxbow, pp. 87-102.

BELLO, J. M. (1996). «Aportaciones del dolmen de Dombate (Cabana, La Coruña) al arte megalítico Occidental». *Art et symboles du mégalithisme européen, Revue Archéologique de l'Ouest*, 8, pp.23-39.

BUENO RAMÍREZ, P. (1995). «Megalitismo, estatuas y estelas en España». En S. Casini, R. De Marinis, y A.L. Pedrotti, A. (eds.), *Statue-stele e massi incisi nell'Europa dell'etá del Rame. Notizie Archeologiche,* pp. 77-130.

BUENO RAMÍREZ, P. (2020). «Placas decoradas en la Península Ibérica. Imágenes humanas entre la vida y la muerte». En P. Bueno Ramírez, y J.A. Soler Díaz (eds.), *Ídolos: miradas milenarias*. Museo Arqueológico de Alicante-MARQ, pp. 203-216.

BUENO RAMÍREZ, P. y BALBÍN BEHRMANN, R. de (1992). «L'Art mégalithique dans la Péninsule Ibérique. Une vue d'ensemble». *L'Anthropologie*, 96, pp.499-572.

BUENO RAMÍREZ, P. y BALBÍN BEHRMANN, R. de (1996). «La decoración del dolmen de Alberite», en Ramos, J. y Giles, F. (eds.), *El dolmen de Alberite (Villamartín). Aportaciones a las formas económicas y sociales de las comunidades neolíticas del noroeste de Cádiz*. Cádiz, pp. 285-313.

BUENO RAMÍREZ, P. y BALBÍN BEHRMANN, R. de (1997): «Arte megalítico en sepulcros de falsa cúpula: a propósito del monumento de granja de Toniñuelo (Badajoz)». *Brigantium: Boletín do Museu Arqueolóxico e Histórico da Coruña*, 10, pp.91-121.

BUENO RAMÍREZ, P. y BALBÍN BEHRMANN, R. de (2009). *Marcadores gráficos y territorios tradicionales en la prehistoria de la Península Ibérica*. Cuadernos de Prehistoria y Arqueología de la Universidad de Granada, 19, pp.65-100.

BUENO RAMÍREZ, P., BALBÍN BEHRMANN, R. de y BARROSO BERMEJO, R. (2004). «Application d'une méthode d'analyse du territoire à partir de la situation des marqueurs graphiques à l'intérieur de la Péninsule Ibérique: le Tage International». *L'Anthropologie*, 108, pp.653-710.

BUENO RAMÍREZ, P., BALBÍN BEHRMANN, R., de y BARROSO BERMEJO, R. (2005). «Hiérarchisation et métallurgie: statues armées dans la Péninsule Ibérique». *L´Anthropologie*, 109 (4), pp.577-640.

BUENO RAMÍREZ, P., BALBÍN BEHRMANN, R. de y BARROSO BERMEJO, R. (2007). « Chronologie de l'art Mégalithique ibérique: C14 et contextes archéologiques». *L' Anthropologie* 111,pp. 590-654.

BUENO RAMÍREZ, P., BALBÍN BEHRMANN, R. de y BARROSO BERMEJO, R. (2009). «Análisis de las grafías megalíticas de los dólmenes de Antequera y su entorno». En B. Ruiz González. (coord.), *Dólmenes de Antequera: tutela y valorización hoy.* Sevilla: Consejería de Cultura, Instituto Andaluz del Patrimonio Histórico, pp. 186-197.

BUENO RAMÍREZ, P., BALBÍN BEHRMANN, R. de y BARROSO BERMEJO, R. (2013a). «Símbolos para los vivos, símbolos para los muertos. Arte megalítico en Andalucía». En *Actas del II Congreso de Los Vélez.* Almería, 2010, pp. 25-47.

BUENO RAMÍREZ, P., BALBÍN BEHRMANN, R. de y BARROSO BERMEJO, R. (2014a). «Leyendo piedras de megalitos». *Anthrope* 1, pp. 61-88.

BUENO RAMÍREZ, P., BALBÍN BEHRMANN, R. de y BARROSO, R. (2015a). «Graphic programmes as ideological construction of the megaliths: the south of the Iberian Peninsula as case study». En L. Rocha, P. Bueno Ramírez y G. Branco(eds.), *Death as Archaeology of Transition: Thoughts and Materials.* Oxford: British Archaeological Reports International – Archaeopress, pp. 52-69.

BUENO RAMÍREZ, P., BALBÍN BEHRMANN, R. de y BARROSO, R. (2017). «Steles, Time and Ancestors in the Megaliths of Antequera, Málaga (Spain)». *Menga*, 08, pp.193-219.

BUENO RAMÍREZ, P., BALBÍN BEHRMANN, R., BARROSO, R., ALDECOA, A., CASADO, A., GILES, F., GUITIERREZ, J. M. y CARRERA, F. (1999). «Estudios de arte megalítico en la necrópolis de Alberite». *Papeles de Historia* 4, pp.35-60.

BUENO RAMÍREZ, P., BALBÍN BEHRMANN, R., BARROSO, R. CARRERA, F. y AYORA, C. (2013b). «Secuencias de arquitecturas y símbolos en el dolmen de Viera (Antequera, Málaga, España)». *Menga*, 4, pp.251-266.

BUENO RAMÍREZ, P., BALBÍN BEHRMANN, R., BARROSO, R. CARRERA, F. y HUNT, M. A. (2016b). «El arte y la plástica en el tholos de Montelirio». En A. Fernández, L. García Sanjuán y M. Díaz Zorita (eds.), *Montelirio. Un gran monumento megalítico de la Edad del Cobre*. Arqueología Monografías. Junta de Andalucía, pp. 365-403.

BUENO RAMÍREZ, P., BALBÍN BEHRMANN, R. de, ROCHA, L. y OLIVEIRA, J. (2015b). «Anthropomorphic images as origins of ancestor's "caves". The stele-menhir of Anta do Telhal, Arraiolos, Evora, Portugal». En Rocha, L., Bueno Ramírez, P. y Branco, G. (eds.), *Death as Archaeology of Transition: Thoughts and Materials*. Oxford: British Archaeological Reports International – Archaeopress, pp. 83-94.

BUENO RAMÍREZ, P., BARROSO BERMEJO, R. y BALBÍN BEHRMANN, R. de (2019). «Rojo de cinabrio en contextos funerarios del sur de Europa. Tradición megalítica y significado social del color en los hipogeos del interior peninsular». En M. Zarzalejos, P. Hevia y L.Mansilla,(eds.), *El «oro rojo» en la Antigüedad: perspectivas de investigación sobre los usos y aplicaciones del cinabrio entre la prehistoria y el fin del mundo antiguo.* Madrid: UNED, pp. 225-250.

BUENO RAMÍREZ, P., BARROSO BERMEJO, R. y BALBÍN BEHRMANN, R. de (2022). «Breaking the Borders of the Mediterranean Neolithic Schematic Art in Iberian Megaliths». En Mª.J. Sanches,Mª.H. Barbosa y J. Castro, J.(coors.), *Romper fronteiras, atravessar territórios. Identidades e intercâmbios da pré-história recente no interior norte da Península Ibérica*. Porto: CITCEM – Centro de Investigação Transdisciplinar Cultura, Espaço e Memória, pp. 171-207.

BUENO RAMÍREZ, P., BARROSO BERMEJO, R. y BALBÍN BEHRMANN, R. de. (2022). «Arte megalítico ibérico. Temas, técnicas y cronología para el arte postglaciar del sur de Europa». En *Actas del I Encuentro Nacional de Arte Rupestre: Investigación, conservación, gestión y difusión.* Ministerio de Cultura y Deporte, pp. 131-144.

BUENO RAMÍREZ, P., BARROSO BERMEJO, R. y BALBÍN BEHRMANN, R. de (2022). «Reconstruyendo Memorias Megalíticas (REMEM)». En *Actualidad de la investigación arqueológica en España (2021-2022):*

Conferencias impartidas en el Museo Arqueológico Nacional. Madrid, pp. 149-164.

BUENO RAMÍREZ, P., BARROSO BERMEJO, R. y BALBÍN BEHRMANN, R. de (2023). «Pigments for the dead: megalithic scenarios in southern Europe». *Archaeological and Anthropological Sciences*, 15, 148.

BUENO RAMIREZ, P., BARROSO BERMEJO, R. y BALBIN BEHRMANN, R. de (2023). «Megalithic paintings: absence or mislead research? Andalucía as a south european case study».En V. Ard *et al.* (eds.), *Pierre à bâtir, pierre à penser. Systèmes techniques et productions symboliques des Pré et Protohistoire meridionales*. Actes des 13e Rencontres Méridionales de Préhistoire Récente Rodez (Aveyron, 2021), RMPR, pp. 351-363.

BUENO RAMÍREZ, BARROSO BERMEJO, R. y BALBÍN BEHRMANN, R. de (2024). «El dolmen de Soto, Huelva. Grandes y pequeñas representaciones humanas enterradas con los ancestros». En P. Bueno Ramírez y J.A. Soler Díaz (eds.), *Ídolos. Miradas milenarias en el extremo suroccidental de Europa*. Junta de Andalucía, pp.52-73.

BUENO RAMÍREZ, P., BARROSO BERMEJO, R. BALBÍN BEHRMANN, R. de y SALVADO, P. (2019). «Stone Witnesses: armed stelae between the International Tagus and the Douro, Iberian Peninsula». *SPAL, 28* (2), pp. 143-164.

BUENO RAMÍREZ, P., CARRERA, F., BALBÍN BEHRMANN, R. de, BARROSO, R., DARRIBA, X. y PAZ, A. (2016a). «Stones before stones. Reused stelae and menhirs in Galician megaliths». En *Proceedings of the XVII UISPP World Congress (Burgos 2014)*. Oxford: Archaeopress Archaeology, pp. 1-16.

BUENO RAMÍREZ, P., LINARES CATELA, J. A., BALBÍN BEHRMANN, R. de y BARROSO BERMEJO, R. (2018). *Símbolos de la muerte en la Prehistoria reciente del sur de Europa. El dolmen de Soto, Huelva, España*. Arqueología Monografías. Sevilla: Junta de Andalucía. Reed.2024

BUENO RAMÍREZ, P. y PIÑÓN, F. (1985). «Los grabados del sepulcro megalítico de Magacela (Badajoz)». En *Tres estudios sobre el Calcolítico extremeño*, Series de Arqueología Extremeña, 1. Cáceres: Universidad de Extremadura, pp. 65-82.

BUENO RAMÍREZ, P. y SOLER DÍAZ, J. A. (2024). *Idolos. Hijas del Sol. Pequeñas figuritas en el tiempo de las grandes piedras, IV-III milenio. Península Ibérica.* 2 vols. Athenea.

BUENO RAMÍREZ, P. y SOLER DÍAZ, J. A. (2024). «Construyendo identidades. Figuritas, estelas y menhires en el extremo suroccidental de Europa». En P. Bueno Ramírez y J.A. Soler Díaz (eds.), Ídolos. *Miradas milenarias en el extremo suroccidental de Europa.* Junta de Andalucía, pp. 30-51.

CARRERA RAMÍREZ, F. (2011). *El arte parietal en monumentos megalíticos del noroeste ibérico. Valoración, diagnosis y conservación.* British Archaeological Reports International series 2190.Oxford: Archaeopress.

CARRERA RAMÍREZ, F. y FÁBREGAS VALCARCE, R. (2002). « Datación radiocarbónica de pinturasmegalíticas del noroeste peninsular». *Trabajos de Prehistoria* 59, 1, pp.157-66.

CERRILLO CUENCA, E., BUENO RAMIREZ, P y, BALBÍN BEHRMANN, R. de (2019). «"3DMeshTracings": a protocol for the digital recording of prehistoric art. Its application at Almendres cromlech (Évora, Portugal) ». *Journal of Archaeological Science: Reports*, 25, pp.171-183.

COUSSEAU, F., MOTTET, M., BUENO RAMÍREZ, P., BALBÍN BEHRMANN, R. de, CARRERA RAMÍREZ, F., BARROSO BERMEJO, R., MARIÉTHOZ, F., TERRAPON, N. y BESSE, M. (2023). «Découvertes de nouvelles stèles en ville de Sion (Valais, Suisse): protocole inédit d'étude et de restauration». En V. Ard *et al.* (eds.), *Pierre à bâtir, pierre à penser. Systèmes techniques et productions symboliques des Pré et Protohistoire meridionales.* Actes des 13e Rencontres Méridionales de Préhistoire Récente Rodez (Aveyron, 2021), RMPR, pp. 335-349.

GÓMEZ DE TERREROS, M. T. (2005). *Intervenciones en dólmenes 1953-1964. Proyectos de Félix Hernández Giménez: dólmenes de Matarrubilla y Cueva de la Pastora (Valencina de la Concepción, Sevilla), dolmen de Zancarrón de Soto (Trigueros, Huelva).* Sevilla: Universidad de Sevilla.

OBERMAIER, H. (1924). *El dolmen de Soto (Trigueros, Huelva).* Clásicos de la Arqueología de Huelva, 4 (reed. 1991).

ROBB, J. (2009). « People of Stone: stelae, person-hood and society in prehistoric Europe». *Journal of Archaeological Method and Theory*, 16 (3), pp. 162-183.

RUIZ, J. F., HERNANZ, A., ARMITAGE, R. A., ROWE, M. W., VIÑAS, R., GAVIRA, J. M.ª y RUBIO, A. (2012). «Calcium oxalate ams 14C dating and chronology of post-Palaeolithic rock paintings in the Iberian Peninsula. Two dates from Abrigo de los Oculados (Henarejos, Cuenca, Spain)». *Journal of Archaeological Science*, 39 (8), 2655-2667.

SHEE TWOHIG, E. (1981). *The megalithic art of Western Europe.* Clarendon Press.

VALERA, A. C. y EVANGELISTA, L. S. (2014). «Anthropomorphic figurines at Perdigões enclosure: naturalism, body proportion and canonical posture as forms of ideological language». *European Journal of Archaeology*, 17 (2), 286-300.

VERA RODRÍGUEZ, J. C., LINARES CATELA, J. A, ARMENTEROS, M. J. y GONZÁLEZ, D. (2010). «Depósitos de ídolos en el poblado de La Orden-Seminario de Huelva: Espacios rituales en contexto habitacional». En C. Cacho, R. Maicas, E. Galán y J.A. Martos (coord.), *Los ojos que nunca se cierran. Ídolos de las primeras sociedades campesinas,* Madrid: Ministerio de Cultura, pp. 199-242.

BIEQAN